顧客体験を最大化するための実践ガイド

ビジネスで活かす
サービスデザイン

ベン・リーズン、ラヴランス・ロヴリー、メルヴィン・ブランド・フルー 著
高崎拓哉 翻訳　澤谷由里子 監修

BNN Inc.

SERVICE DESIGN FOR BUSINESS:
A Practical Guide to Optimizing Customer Experience
by
Ben Reason, Lavrans Lovlie, Melvin Brand Flu

Copyright © 2016 by Livework Studio Ltd. All rights reserved.

Translation copyright © 2016 by BNN, Inc. All rights reserved.

This translation published under license with the original publisher
John Wiley & Sons, Inc. through Tuttle-Mori Agency, Inc., Tokyo

No part of this publication may be reproduced or transmitted in any form or
by any means, electronic or mechanical, including photocopy, recording or
any information storage and retrieval system, without permission in writing from
the copyright owners. Every reasonable attempt has been made to
identify owners of copyright. Any errors or omissions brought to the publisher's
attention will be corrected in subsequent editions.

BNN, Inc.
1-20-6, Ebisu-minami, Shibuya-ku, Tokyo, 150-0022, Japan
Fax : +81 3 5725 1511   E-mail : info@bnn.co.jp
www.bnn.co.jp

ISBN978-4-8025-1025-7   Printed in Japan

日本語版刊行によせて

東京工科大学コンピュータサイエンス学部大学院
アントレプレナー専攻教授
澤谷由里子

　サービスデザインとは何か？　それは顧客の切実な要求「カスタマーペイン」を発見し、ビジネスや組織を変化させペインキラーとなる新しいサービスシステムをデザインすることだ。このような圧倒的なサービスを提供することによってこそ、企業は収益を得る。サービスデザインネットワーク（SDN）を主宰するBirgit Mager は、「サービスデザインは、サービスインターフェースが、顧客の視点から使いやすく期待に沿うものであり、提供者の視点から効率的で差別化されることを目指す」[1] という。つまり、サービスデザインは、顧客とビジネスにとって欠かすことのできないものだ。

　一方、日本の状況を見てみると、まだまだサービスデザインの認知は低いようだ。例えば、以下のように考えていないだろうか？

- サービスは、現場で解決するものだ。
- 顧客体験の向上ばかりに目を向けると、ビジネスに悪影響がでる。
- サービスデザインのアプローチは、大企業では適応しにくい。

　本書は、これらの疑問に対する解決のための1つのアプローチを示してくれる。本書の著者らが設立したライブワーク（Livework）社は、設立当初からサービスデザインを提供しているこの領域でのリーディングカンパニーだ。初めて同社を訪問した時、アジアで行っている交通システムのプロジェクトを例に、どのようにコンセプトを創り提案するのかについて話を聞いた。驚いたことに、その内容はまさに人間中心設計を基礎にした戦略提案活動だった。実際に自ら旅の計画を立て交通機関を使い、利用者をシャドーイングして観察し、インタビューなど十分なフィールド調査を行っていた。集めた材料を壁いっぱいに貼り、インサイトを見出し、全体を貫く原理（principle）を導き出す。近年、コンサルティングファームやサービス企業によるデザインファームの買収が相次いでいるが、そ

---

[1] Mager, B. 2009, Service Design as an Emerging Field. In: Miettinen & Koivisto (Eds.) Designing Services with Innovative Methods, Helsinki: Taik Publications, p. 28-42.

れはいままでのトップダウンのやり方だけではなく、人間中心でボトムアップのデザイン的アプローチによるコンセプト創りが戦略策定に必要とされているからだ。さらに、製造業においてもサービス化に対応するため、サービスデザインが認識され始めた。現在 GE や IBM ではデザイナーを活用してプロダクトを開発している。このように、サービスデザインは、サービス業だけではなく、あらゆる産業へと広がってきている。

　ここでサービスデザインの歴史について簡単に振り返ろう。1980年代、製品とサービスの違い、サービスの特徴づけなどの議論がマーケティング領域で開始された。1984年には、実務家であるショスタックが重要なサービスデザイン手法であるサービスブループリントを考案した。1990年代に入ると、米国・欧州を中心に、マーケティング、マネジメント、エンジニアリングなど関連する多様な領域の研究成果の集積により、サービスデザイン研究の基礎づくりが始まった。製品を対象としたデザイン領域は、インターフェースからインタラクションのデザイン、顧客体験のデザインへと研究領域が拡張された。さらに、サービスサイエンスや製品サービスシステム（PSS）をベースに、研究対象はサービスシステムやサービスライフサイクルへと拡張されてきた。

　最近のサービスデザイン研究の流れの1つは、ユーザーだけではなく多様なアクターを対象に、役割の再設計など組織に関する研究だ。様々なタッチポイントの総合的なデザイン、多様な顧客に対するサービス提供、顧客や提供者の持つ資源の活用だけではなく、サービス提供のための組織形成など、デザインとマネジメント領域の融合研究が注目されている。欧州では、サービスデザインがどのように組織の変革に関与するか、アクターとの関係性をどのようにマネジメントすべきかなど、サービスデザインが組織戦略・経営に及ぼす影響の解明が進められている。

　こうした学問分野の発展の一方で、サービスデザインをサービスとして提供するデザイン会社やコンサルティング会社が次々と設立された。サービスデザインそのものがビジネスとして立ち上がってきた。2004年にはグローバルに活躍するサービスデザイン企業が中心となり、サービスデザインの普及啓蒙のための国際機関である SDN が設立された。本書の著者らも SDN の常連だ。日本においても、2013年に SDN 日本支部が開設され、デザイン領域の実務家・研究者が協同し、サービスデザインは理論と実践の共創へと新しいフェーズへ移行しつつある。

2015年12月にライブワーク社の創業者らが執筆した『Service Design for Business』（John Wiley & Sons）が刊行されていると知り早速手に取った。この前書『サービスデザイン』（Andy Polaine、Lavrans Løvlie、Ben Reason 著／2014年丸善出版）が主に事例を活用した手法の紹介だったのに対して、本書は企業の中で、いかにカスタマーペインを見出し、それに対応する新サービスを提供していくか、顧客・ビジネス・組織の視点から役に立つアプローチを示すとともに、組織的な変革、まで及ぶ議論が展開されている。また、手法や考え方を構造化し、ビジネスで適応するための共通言語を与えてくれる。サービスビジネスに戸惑いがちな日本のビジネス関係者に、現場の第一線で経験を積んだライブワーク社の知識が詰まった本書をいち早く届けたいと思い、ビー・エヌ・エヌ新社に出版をお願いした。
　本書から先ほどのヒントになる部分を拾ってみよう。

サービスは、現場だけではなく組織で解決する。

　「サービスデザインのアプローチは、多くのビジネスが気づいていない不満をアウトサイドインの視点で見つけ出すことから始まる。」（P.81）　発見された顧客の痛みは、現場の日々の改善で解決する場合もあるだろう。一方、革新的なサービスであればあるほど、現在の組織では提供できない場合もある。サービスは、現場だけではなく、組織を変化して新しい仕組みで提供する組織的な活動だ。CEO（最高経営責任者）が「CCO（最高顧客責任者）を兼任する」（P.162）するならば、組織への浸透は深まるだろう。

顧客体験とビジネスインパクトの両立を目指す。

　「サービスデザインでは、顧客の振る舞いに対する解釈を、彼らと接する際の組織の振る舞いに反映させることで、両者をすり合わせていくことを目指す。」（P.63）「顧客の求めには何でも応じようと言っているのではない。組織はビジネス的な視点が強くなりがちだから、顧客体験への理解を深めて両者のバランスを取」ることが重要なのだ。（P.90）
　顧客の痛みを解決する理想像と現状にはギャップがあるかもしれない。例えば、「ビジネスの目標と顧客の目標」（P.66）、「規模と効率」（P.67）、現在の組織の仕組みと理想的な顧客体験のギャップ。「大切なのは、ギャップの存在を認識した上で、顧客体験の目標を下方修正しないことだ。」（P.120）　それらを、ビジ

ネスの機能に変換し成果をもたらそう。

サービスデザインは、大企業の分断された組織を統合するアプローチだ。

　「サービスデザインでは、活動を顧客の体験やニーズに合わせて調整していくというアプローチを採る。この点が従来のアプローチとは異なる部分だが、このやり方には、組織にまとまりが生まれるという利点がある。」(P.89)「顧客のインサイト、顧客のライフサイクル、具体的な顧客のペルソナが手に入れば、顧客中心の戦略を立てられる。そして戦略があれば、顧客に高い価値を届けるためにビジネスがすべきこと、行動を起こすタイミング、そしてその方法を特定し、組織全体に伝え、優先順位をつけられるようになる。」(P.165)

　反対に言うと、サービスデザインのアウトサイドインの顧客中心の戦略なしには、組織を変化していくことはさらに難しい。サービスデザインによる戦略が、組織を変え革新的なサービスを創り出すための拠り所となる。大企業こそ、サービスデザインのアプローチを試して欲しい。

　そもそもサービスとは何か？　日本に古くから近江商人の心得として伝わる三方良し「売り手良し」「買い手良し」「世間良し」は、うまくサービスの本質を言い表している。日本は元来、高い質のサービス提供という風土と共にあった。さらに、買い手である顧客の視点のみではなく、売り手、さらにはアクターの視点の重要性を言い当てていた。サービスデザインは、日本人の得意とするところであり、本書で書かれていることも、気づかないうちに自然と実践してきたことかもしれない。それらを今一度見直し、多様なチームで共有し、革新的なサービスを創り出すために、本書が活用されることを期待している。

澤谷由里子（さわたに・ゆりこ）
東京工科大学コンピュータサイエンス学部大学院アントレプレナー専攻教授
東京工業大学大学院総合理工学研究科システム科学専攻修了。東京大学大学院総合文化研究科博士課程修了（学術博士）。（株）日本IBM入社。情報技術の研究開発、サービス研究に従事。科学技術振興機構サービス科学プログラム（S3FIRE）フェロー、早稲田大学教授などを経て、15年9月より現職。
経済産業省産業構造審議会商務流通情報分科会「情報経済小委員会」委員「サービス産業の高付加価値化に関する研究会」座長代理「攻めのIT投資評価指標策定委員会」委員等。早稲田大学ビジネススクール非常勤講師、早稲田大学ナノ・ライフ創新研究機構 客員上級研究員、INFORMS Service Science および情報処理学会の編集委員を兼務。Design for ALL 共同企画者。
主な著作：*Global Perspectives on Service Science: Japan*（共編著、Springer）、*Serviceology for Designing the Future*（共編著、Springer）

目 次

はじめに ……………………………………………………………… 013
この本の対象　015
この本の使い方　018

第1章　なぜサービスデザインなのか　　　019

3つのトレンド──今サービスデザインが必要なわけ …………… 020
経済のトレンド──付加価値としてのサービス　020
社会のトレンド──顧客の期待の高まり　021
技術のトレンド──デジタル技術の発展とサービスの変化　022

サービスデザインをビジネス目標と組織課題に活かす …………… 022
顧客とビジネス、組織をつなぐ　022
　顧客を理解し、価値の高い関係を作る　023
　顧客あってのビジネス　024
　顧客を使って組織を整理する　025

キー概念 ………………………………………………………………… 025
デザイン的アプローチ　026
　行動しながら考える　026
　人間指向　026
　創造的なプロセス　026

定量調査　027
　インサイト VS 数字　027
　振る舞いを理解する　027
　成功にはインサイトが不可欠　028

視覚化されたストーリーテリングの説得力　028
　複雑な状況を理解する　028
　アイデアを伝える　029
　顧客体験を形にして表す　029

デザインはみんなで創るもの　029
　アイデアは引き出す、決して押しつけない　030
　顧客とともに解決策をデザインする　030
　スタッフとともに解決策をデザインする　030

枠組としてのサービスブループリント　031
　サービスをカスタマージャーニーに当てはめる　031
　表舞台のチャネルと舞台裏のプロセス　031
　共有された概要に基づいて意思決定を行う　032

第2章　大枠を理解する　　　　　　　　　　　　033
サービスデザインの3つの枠組

動き　　　　　　　　　　　　　　　　　　　　035
サービスの4つの段階　036
- 以前──顧客はどこからやって来るのか　037
- 開始──関係の始まり　038
- 途中──日常と非日常の出来事　039
- 以後──顧客は次にどうするか　040

カスタマージャーニーを顧客のライフサイクルに沿ってデザインする　041
- 顧客のライフサイクル　041
- アウトサイドインの視点を持ち続ける　042
- 顧客の傾向を理解する　043
- ホットスポットを見つけ出し、そこへリソースを集中する　043
- ライフサイクルを使ってアクターの種類を知る　043
- カスタマージャーニー　044
- 顧客の選択、振る舞い、好み　045
- チャネルを活用してジャーニーをデザインする　045

顧客のニーズや期待を満たすもの──情報、インタラクション、取引　046
- 情報　048
- インタラクション　048
- 取引　049

構造　　　　　　　　　　　　　　　　　　　　050
人間、消費者、顧客、利用者のライフサイクル　051
- 人間のライフサイクル　052
- 消費者のライフサイクル　053
- 顧客のライフサイクル　054
- 利用者のライフサイクル　055

表舞台と舞台裏の顧客体験　056
- 表舞台　057
- 舞台裏──組織　059
- 舞台裏──ビジネスの機能　060

振る舞い　　　　　　　　　　　　　　　　　　062
顧客の振る舞い──アウトサイドインの視点　063
- 顧客の振る舞いを左右するアクターと要因　063
- ライフサイクルの段階と振る舞い　065
- 体験の影響と振る舞い　066

ビジネスの振る舞い──インサイドアウトの視点　066
- 製品由来の振る舞い　067
- ブランド由来の振る舞い　068
- サービス由来の振る舞い　068

枠組が浮き彫りにする課題　　　　　　　　　　069
基本を3つの課題に応用する　069

第3章　顧客のストーリーを描き出す　071
顧客理解を深め、顧客由来のサービス改善やサービスイノベーションを実現する

土台を建て直し、卓越した顧客体験を創り出す ……… 072
- 卓越した顧客体験　074
- アウトサイドインの視点で組織を理解する　075
- 体験を理解する方法　077
- 卓越した体験の実例　078

顧客の不満や失敗を防ぐ ……… 080
- 顧客の不満と失敗　081
- 顧客の不満を理解し、体系的に取り除く方法　082
- 不満の影響をマッピングし、評価する方法　084
- 不満解決の具体例　085

効果的な顧客エンゲージメントを行う ……… 087
- 顧客エンゲージメントの定義　089
- 顧客エンゲージメントに対するアプローチ　090
- 顧客エンゲージメントのデザインの仕方　092
- 顧客エンゲージメントの実例　094

インパクト大の顧客イノベーションを起こす ……… 096
- 顧客提案と顧客体験をイノベートする　098
- 革新的なコンセプトを確立する　099
- コンセプトの確立の仕方　101
- 顧客提案のイノベーションの実例　103

第4章　ビジネスインパクトをもたらすサービスを創り出す　105
顧客のニーズを基にサービスをデザインし、以前から続くビジネス課題を斬新な方法で解決する

革新的なビジネスコンセプトを確立する ……… 106
- ビジネスコンセプトとは何か　107
- ビジネスコンセプトの打ち出し方　108
- ビジネスコンセプトの確立の仕方　111
- 新コンセプトを使ったビジネス課題解決の実例　113

ビジネスをデジタルに適応させる ……… 115
- デジタルビジネスとは何か　117
- デジタル戦略の立て方　118
- シナリオを活用したデジタルへの移行法　122
- デジタルビジネス構築の実例　122

顧客のパフォーマンスを改善する … 125
- 顧客のパフォーマンスとは何か　126
- 顧客のパフォーマンスを高めるには　128
  - 以前、開始、途中、以後の枠組を活用する　129
- 顧客のパフォーマンスを向上させる方法　132
- パフォーマンス向上トレーニングの実例　134

新商品をうまく売り出し、生活に採り入れてもらう … 136
- 優れた売り出しとアダプションジャーニー　138
- 優れた売り出しとアダプションジャーニーをデザインするために　139
- アダプションジャーニーをデザインする方法　140
- 売り出しと採り込みの成功の実例　143

第5章　組織課題を克服する　145
顧客中心主義を使って組織を前進させる

内部の連携と協力体制を改善する … 146
- 連携と協力　148
- 協力してシナリオを作り、チーム間や部門間の連携を生む　149
- シナリオを使って連携と協力体制を作り出す方法　150
- シナリオを使った連携作りの実例　152

変化の過程にスタッフを関与、参加させる … 153
- 変化へのスタッフのエンゲージメントと参加　154
- スタッフと協力して創造的に、構造と枠組の中で変化に関わる　155
- デザインのプロセスを使ってエンゲージメントを強める方法　157
- 変化へのスタッフの関わりの実例　159

顧客中心の組織を構築する … 160
- 顧客をビジネスの中心に据える　162
- 顧客中心の組織を構築するには　164
  - ビジネスプランを立てる　165
  - 戦略の実行　166
- 顧客中心の組織を構築する方法　167
- 顧客中心の組織構築の実例　167

組織の俊敏性を高める … 170
- 俊敏に動いて顧客の要求やテクノロジーに対応する　171
- 俊敏なサービス提供　173
- 組織を俊敏にする方法　176
- 俊敏な組織作りの実例　176

第6章　サービスデザインのツール　179

- 顧客プロフィール ……………………………………………… 180
- 顧客インサイト ………………………………………………… 182
- カスタマージャーニー ………………………………………… 184
- 顧客のライフサイクル ………………………………………… 186
- クロスチャネルビュー ………………………………………… 188
- サービスシナリオ ……………………………………………… 190
- 組織インパクト分析 …………………………………………… 193
- 創造的なデザインワークショップ …………………………… 195
    - 理解のワークショップ　196
    - 創造のワークショップ　196
    - デザインのワークショップ　197
    - 創作のワークショップ　197

索引 ………………………………………………………………… 200

この本で扱っている話題について、解説や実例、サービス・デザインのツール、アプローチをもっと知りたいという方は、www.liveworkstudio.com/SDforB をご覧になっていただきたい。

はじめに

　今のビジネスの世界では、デザインが1つのトレンドになっている。ビジネス界の重鎮は、デザインやその価値を扱った本を書き、老舗のビジネスにイノベーションやコラボレーション、創造性をもたらすと訴えている。フォレスター・リサーチ社はサービスデザインを「最も重要なデザイン分野」に位置づけ、アップルやダイソン、フィリップスといった企業は、デザインがビジネスにもたらす価値を世の中に知らしめている。社内にデザイン機能を取り込む大手も存在する。IBMはデザインスタジオを設立し、キャピタル・ワン・フィナンシャルはトップクラスのデザイン代理店、アダプティブ・パスを吸収した。メイヨー・クリニックは独自のデザイン手法を確立し、イギリス政府はデザイナーを雇用して税務や歳入、法務といった分野に配している。マネジメントコンサルティングの大手も、デザ

はじめに

インの価値を認識している。マッキンゼーがデザインスタジオのルーナーを、アクセンチュアがデジタルデザインのフィヨードを傘下に置いたのがいい例だ。

　こうした状況の進展の中で、我々は企業や政府組織のみなさんに、デザインがサービスにもたらす力を理解してほしいと考えた。そもそもサービスデザインとはなんなのか？　サービスデザインとは、サービスをデザインすることだ。我々は2001年、人々の生き方や働き方を良くしたいという理想の下、ライブワーク社を興した。そして、サービスデザインにはそうしたインパクトを起こす力があった。日々利用するサービスを改善し、サービスにイノベーションを起こす力があった。銀行や保険、医療、公共交通機関、ビジネス向けサービス、諸々の政府の活動。これらはすべてサービスだ。

　組織は、膨大な時間を具体的な製品のデザインに費やす。デザインの面で、サービスに焦点が当たることは少ない。しかしながら、今日の市場環境で成功を収めるには、この考え方を変えなくてはならない。今の世の中にあるサービスは総じて生産性が低く、顧客が製品よりもサービスに不満を抱く要因となっている。BMWより銀行のほうが好きという人はあまり見かけない。サービスデザインは、このような、サービスの性質と生産性の乖離に対処するための方法論だ。

　誕生から20年ほどがたち、はじめはデザインの小さな一分野でしかなかったサービスデザインも、顧客とビジネス、組織課題に対処する包括的でわかりやすい手段へと成長を遂げてきた。それでも、ビジネスにしっかり理解され、価値を認められているかといえば、そうではないのが現状だ。この本では、2つの方面からこうした状況に切り込もうと思っている。1つめが、サービスデザインの価値をビジネスの文脈の中で解説するというやり方。そしてもう1つが、サービスデザインを使ってビジネスの成果や、中核機能の改善法を示すというやり方だ。

　この本を読めば、サービスデザインを使って組織の具体的な課題に対処する方法と、その成果を実感できるだろう。

この本の対象

　この本は、ビジネスや巨大組織で働く人たちを対象としている。消費者向け（B2C）サービス、法人向け（B2B）サービス、行政サービスに携わる人々にとって、価値ある資料とすることが目的だ。詰まるところ、サービスというのは、すべからく人間に供するためのものだ。そしてそうである以上、そこには部門をまたいだ共通の原則やツールがある。

　サービスデザインは、スタートアップや中小企業（SME）、巨大組織のサービス改善を助けるものだ。ただし、この本ではおもに、歴史の長い巨大組織が直面する課題を取り上げている。スタートアップがサービスデザインを効果的に活用できないわけではないが、この本では我々のクライアント、すなわち巨大な老舗の組織で働く人々が抱える課題を中心的に扱おうと思っている。巨大組織が行き当たる課題、それは、変化、コラボレーション、イノベーション、そして顧客指向だ。

　私たちは、この本を最も有効に活用できるであろう対象読者層を3つ想定している。

顧客と向き合う人々

　最初のグループは、**顧客のことを考える**人々、顧客を第一に考える責任がある人々だ。みなさんが顧客体験や顧客インサイト、マーケティング、顧客サービス、イノベーションマネジメント、あるいはデジタルな仕事に携わっているのであれば、この中に含まれると考えてほしい。あるいは、ビジネスや戦略の中で顧客の重要性を認識したリーダーも、このグループに入る。

　こうした役割を担う人々の多くは、もともと顧客をよく理解し、顧客の体験やニーズに関するインサイトを豊富に携えている。しかし同時に多くが、そのインサイトを行動に結びつけられずにいる。顧客体験の改善をデザインできず、顧客の関心を惹きつけ、愛着度を高めるコンセプトを確立

はじめに

できず、具体的な何かを実現できずにいる。

顧客のインサイトを、自分が働く組織の課題につなげられない方もいるかもしれない。最高のアイデアがあるのに、上層部に聞く耳を持ってもらえず、後押しが得られず、実行段階でアイデアが薄められてしまう。そして、業務の進め方を変える難しさを痛感している。組織変化の課題は、情報伝達の問題、協力体制や共通のビジョンの確立の問題、変化の必要性を理解してもらうまでの問題と言い換えられる。

そうしたみなさんのために、この本ではあらゆる面で、みなさんの慣れ親しんだ「顧客」の領域を出発点とする。そして、インサイトに構造を与え、それをサービス体験に落とし込み、ビジネスや組織に改善やイノベーションを起こす方法を紹介していく。

ビジネスと向き合う人々

みなさんが、販売や顧客維持、成長といった戦略上、営利上の役割を担う人々だった場合、何よりも考えなくてはならないのは、業績やビジネスの成果だろう。しかし実は顧客理解、あるいは顧客の行動や選択、ニーズの理解こそが、そうしたビジネスのパフォーマンスに多大な影響を与える重要な要素なのだ。

サービスの出来は、顧客の振る舞いに左右される。戦略は市場の現実にさらされて吹き飛び、ビジネスモデルはまずまず通用したとしても、必ずしも具体的な結果が出るとは限らない。現代社会では、戦略はビジネスと顧客の世界の橋渡しをする、もっと実地的なものでなければならない。ビジネスの目的は、顧客エンゲージメントを成功させ、顧客が望む成果を届けることでなければならない。

この本を読めば、みなさんも、顧客を前へ進める「てこ」がどこにあるかを見つけられるようになる。そして新しいサービスデザインのツールを使って実際に行動を起こし、市場を揺るがす戦略を立案し、テストし、実行できるようになる。

組織と向き合う人々

　第3のグループは、内部に目が向いている人たちだ。普段はビジネスの維持を業務とし、要請があればビジネスの変更や改善に取り組む人々が、このグループに当てはまる。IT部門や人事部門、運用部門で働くそうしたみなさんは、おそらく、組織の中に明確さや協力体制が欠けているように感じているのではないだろうか。特に、ほとんどの巨大組織に存在する縦割りの弊害は痛感しているはずだ。

　こうした役割を担うみなさんがまずすべきは、目標をしっかり認識することだ。そうすれば、専門知識を使って正しい解決策を導き出し、目標到達へ近づくことができる。みなさんは、ビジネスがどういった要素で構成されていて、それがどう動いているかを把握し、それらを効果的に統合しなくてはならない。同時に、「今までのやり方」へのチェックも怠ってはならない。

　ビジネスを構成する要素は多岐に渡るが、共通項もある。顧客だ。この本を読めば、みなさんも顧客というレンズを通して組織を見られるようになる。この本で紹介するサービスデザインのツールを使えば、内部スタッフは、組織内の要請をうまくコントロールできるようになる。そして、組織にばかり目が向いている同僚たちをビジネスの側とつなげ、やるべき仕事に優先順位をつけ、変化を起こせるようになる。

はじめに

この本の使い方

　この本では、サービスデザインの力で解決し、ビジネスに影響を及ぼせる、12の課題を取り上げる。課題は大きく3つのカテゴリーに分類した。まず、第3章で扱う「顧客のストーリー」では、サービスデザインを使っていかに顧客体験を改善するかという部分に重点を置く。次が第4章の「ビジネスインパクト」だ。ここでは、サービスデザインを使ってビジネス課題に対処する方法を探っていく。そして最後に第5章の「組織課題」では、サービスデザインを使って組織のスタッフや構造、システムに影響を及ぼし、組織を前進させる方法を掘り下げていく。

　そしてこうした課題に取り組む前に、本書ではまず第1章で、2つの方向からサービスデザインをめぐる全体像を概観する。現代の大きなトレンドを簡単に紹介し、現代人の暮らしや働き方の状況、言い換えるなら、サービスデザインが登場し、重要性が高まっている背景を解説する。そして、課題解決に取り組みやすくなるよう、理解しておくべきサービスデザインの基本概念を紹介する。

　そうした基本事項を紹介したところで、次の第2章では、サービスデザインの土台を詳しく見ていく。サービスの基本的な側面（と我々が考えているもの）を説明し、サービスへの理解を深めながらデザインを使ってサービスを改善し、イノベーションを起こす方法を概説する。

　そして最後の第6章では、私たちも日々使っているサービスデザインの主要ツールを紹介し、みなさんが装備を十分に整えた上でサービスデザインの旅へ乗り出せるようにする。

第1章

なぜサービスデザインなのか

　サービスデザインは、21世紀に入ってから注目を集めるようになった考え方だ。そこにはいくつかの理由があり、すぐあとの「3つのトレンド」の項目で解説する。新しい考えとは言っても、何もないところからいきなり登場したわけではない。大量生産、マスコミュニケーション時代のデザイン手法をある程度は受け継いでいる。たとえば、工業デザインやブランディングは、サービスデザインの理論や実践にも通じる技術だし、サービスマーケティングも色濃い影響を残している。たとえばサービスブループ

第1章　なぜサービスデザインなのか

リントは、サービスマーケティングの分野で生み出されたものだ。

　この章ではまず、サービスデザインが登場した理由と、サービスデザインの概要という2つの点を解説する。そこがわかれば、なぜサービスデザインが必要なのか、なぜ今なのか、そしてマネージャーやリーダー、ビジネスにとってどんな意味を持つのかがわかってくるはずだ。

3つのトレンド
──今サービスデザインが必要なわけ

　サービスデザインが、21世紀になって注目され始めているのは偶然ではない。工業デザインや製品デザインが、大量生産の拡大と並行して発展していったのと同じように、サービスデザインの考え方も、このところの経済、社会、技術の大きな変化に対応して生まれたものだ。サービスデザインが1専門分野に成長し、ビジネス、組織の両面で注目されている背景を知るには、まずはこの3つのトレンドを理解しなくてはならない。

経済のトレンド──付加価値としてのサービス

　経済が成熟していくと、経済活動の中心は農業から原材料へ、原材料から工業生産へ、そして工業生産からサービスへ移っていく。このマクロな流れは、すでに世界の大半の地域で起こっていて、先進国では経済活動の70〜80パーセントをサービスが占めているし、ブラジルのようなモノづくり大国でも、割合は急増している。これはモデルの転換というよりも、サービスがモノに価値を付加するというモデルの重層化とみるべきだろう。多くの産業で、モノよりもサービスに注力したほうが利ざやが大きいという見方が広まっているのだ。

　産業が成熟し、製品そのもので差別化を図ることが難しくなる中で、サービスのほうが伸びしろが大きいということがわかり始めている。だからみな、サービスによって顧客にプラスアルファを提供し、製品を存分に堪

能してもらい、愛着を感じてもらおうとしている。サービスデザインは、こうした流れに対応し、新しい課題への最善の方法論を探る動きの中で生まれてきた。自動車でも電子機器でも、モノづくり企業の躍進の影にデザインの力があったのは周知のとおりだ。優れた性能を売り込み、新しい市場を開拓するには、デザインの力が不可欠だったのだ。

社会のトレンド——顧客の期待の高まり

　現代は、消費者が自身の権利を主張できる時代だ。前世紀の消費者は与えられたもので満足していたかもしれないが、あふれるモノや情報に接する現代の消費者の目は肥えていて、商品に対する期待の水準も以前より確実に上がっている。各業界の一流ブランドも、この流れを加速させている。彼らが提供する極上の体験を味わった消費者は、こう考える。「どうしてこの会社にはできて、ほかの会社にはできないんだ？」と。前世紀までは、サービス提供者は万人向けのサービスを用意し、受け手は与えられたもので黙って満足するのが普通だったかもしれないが、消費者の期待が高まっている今、この方式は時代遅れになりつつある。行政サービスも同じで、大規模な統計調査の結果等を活用して、顧客の体験を改善しようという流れが生まれている。

　この流れは、B2Bの領域にも浸透しつつある。以前の労働者にとって、仕事はつらくて当たり前、少々の痛みはがまんするものだった。そうしたものとの折り合いのつけ方を学ぶのも、仕事のうちだと言われていた。しかし今、消費者として最高の体験を味わった人々は、同じレベルの体験を就業にも期待するようになっている。

　期待が高まれば、その期待やニーズを知る必要性も高まる。サービスデザインは、この「期待」という新しい力を、体系的かつ効率的に、デザインやサービスの改善へ落とし込む強力な手段となる。

技術のトレンド──デジタル技術の発展とサービスの変化

デジタル革命は、ご存知のとおり、社会に絶大な影響を及ぼした。陳腐な言い方だが、デジタル技術はサービス部門に革命を起こし、破壊したと言ってもいい。かつて、ある程度の専門知識を有する人間が提供するものだったサービスは、今ではテクノロジーがその一端を担う。たとえば、投資の相談や貯蓄は、以前は専門家と膝をつき合わせて行ったものだが、今ではオンラインやセルフサービスで済ませる人も多い。デジタル化の余波を逃れたサービスの分野はほとんどない。デジタルの力は破壊的でもあって、市場のそれまでの力学が崩れ、新規参入の余地が生まれた部門もある。アマゾン・ドットコムの小売産業への参入などは、その典型例だろう。

サービスの伸びしろの大きさと、テクノロジーによるサービス提供の始まり。サービスデザインは、この2つに呼応して登場した。テクノロジーは、しばしば非人間的で物事を難しくし、消費者を戸惑わせる。そんなとき、サービスデザインはテクノロジーに温かみや柔軟性をもたらす手段になる。

サービスデザインをビジネス目標と組織課題に活かす

顧客とビジネス、組織をつなぐ

サービスデザインは、ビジネス目標の把握に必要な視点や手法、手段をもたらし、同時に内外の組織課題の解決策を教える。サービスデザインでは、次のような根本的な疑問を投げかけることによって、戦略的なイニシアティブと運用課題の同時解決のためのアプローチを提供する。

1 そのサービスは、既存／新規顧客に何をもたらすか。
2 ビジネスにどんな影響を与えるか。

3 課題を克服し、目標を達成するには、組織にどんな機能があれば
いいか。

　サービスデザインの主な目的は、顧客がらみの課題を解決することだが、ビジネス戦略と組織の力量とのバランスを取ることが重要だ。顧客の視点で今のビジネスを理解することが、達成すべきビジネス目標や、起こすべき組織変化への明確な方向性を示す場合もある。大切なのは、組織のスタッフや構造、能力と、ビジネス課題とを分けて考えることだ。サービスデザインでは、どんなときもアウトサイドイン（外から内を見る）の視点を持つことが出発点となる。そして、真のビジネス目標を念頭に、組織の能力も踏まえながら、顧客のニーズを満たす方法を探っていく。

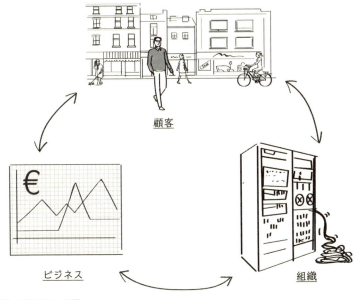

顧客 - ビジネス - 組織

顧客を理解し、価値の高い関係を作る

　顧客の目を通してビジネスを見ると、強力なインサイト（単なる情報ではない、一歩踏み込んだ深い顧客情報）が獲得できる。顧客の期待や体

第 1 章　なぜサービスデザインなのか

験、振る舞いをいっそう具体的に把握できるようになる。カスタマーペイン（顧客の痛み。「痛み」は、顧客が感じる悩みや不安のこと）の地点を知り、ビジネスと接する際の気持ちを深く理解できるようになる。そうすれば、手を打つべき「介入地点」を特定し、顧客へ届ける価値を増やしながら、次のような課題を克服できるようになる。

- 顧客満足度と製品やサービスの受容度を高める
- 顧客の不満を減らし、コスト高のサービスの失敗を避ける
- 顧客のサービス体験を改善し、より良い関係を築く

つまりサービスデザインとは、顧客に実質的な違いを生み出す行動を正確に特定し、本当の、具体的な価値を人々にもたらす改善を実現することなのだ。

顧客あってのビジネス

業務の効率化や、市場シェアの拡大といったビジネス目標は、インサイドアウト（内から外へ）のアプローチで取り組むと、内部に多くの軋轢を生む。一方でサービスデザインでは、顧客の振る舞いを左右する影響要素を特定し、顧客中心の手法を使って、次のようなビジネス目標を達成する方法を探る。

- 既存／新規顧客にサービスを提供する際のコストを減らす
- 顧客維持率を高める
- 新たな売り込み先や、売上増の機会を生み出す
- 革新的な製品やサービスをうまく市場へ送り込む

アウトサイドインのアプローチを取り、顧客が本当に気にかけていることを学びつつ、他部門、他社の先行例を学べば、ビジネス課題の解決までの道のりは、驚くほどシンプルになる。サービスデザインでは、複雑な問題の解決策を大胆に創造しつつ、小さな修正を積み重ねて売上や利益を劇

的に改善するという2つを同時進行で行う。

顧客を使って組織を整理する

　組織の部門やチャネル、パートナー、ステークホルダー（利害関係者）の足並みを揃えようと思うと、どうしても管理の仕方に目が行きがちになる。組織の内部機能を最適化し、調整しようと思うと、どうしてもそうなってしまう。ところが、そうやって内にばかり目を向けていると、大切な事実、すなわちいちばん重要な顧客は外部顧客であるという事実を見失う。そして、顧客のためにならないどころか、顧客やスタッフの邪魔になるやり方やシステム、プロセスを導入してしまう。しかし、顧客のニーズや期待を、組織運営の現実を踏まえながら解釈できれば、組織はこんなふうに生まれ変わることができる。

- 内部の相互理解が進み、みんなが同じ方向を向く
- スタッフのやる気や積極性が増す
- 顧客中心の考え方が浸透し、市場でのフットワークが軽くなる

　つまりサービスデザインでは、顧客視点がスタッフの足並みを揃えるための物差しとして、またシステムやプロセス、手順、方針といった内部課題を解決する手段としても使われる。

　次章以降では、こうした理念、すなわちサービスデザインとは、顧客とビジネス、組織へ同時にアプローチする手段であるという考え方に基づいて、その**具体的な方法**を解説していく。

キー概念

　サービスデザインには、核となるキー概念がいくつかあり、本書をフル活用するには、まずはその基本を理解してもらわなくてはならない。ここでは、デザイン思考、定量顧客調査、そして視覚化という3つの概念を取

り上げ、それらがどんな形でサービスデザインの手法の基盤を成しているかを解説する。

デザイン的アプローチ

ビジネスの世界には、分析的、演繹的なツールでは解決できない問題も多い。そんなときは、デザイン的なプロセスを採用し、生産的で創造的なアプローチを採り入れて、別の角度から解決策を探ることが必要になる。

行動しながら考える

ビジネス思考では、たいていの問題は答えがすでに存在するという仮定を基に考えを進める。そこでは、候補となる解決策をいくつか発見、評価し、その中から市場に適した最善の手法を選び出すことが大切になる。

対してデザイン思考では、確かに完ぺきな解決策は存在するが、それはまだ考案されていないと仮定する。そして創造、テスト、リデザインを素早く繰り返して、解決策を市場の現実にマッチさせていく。とはいえもちろん、実践では分析的な思考と創造的な思考を組み合わせて活用する。

人間指向

デザイン思考のもう1つの出発点は、人間（顧客）とその体験への共感だ。顧客と良好な関係を築くこと、あるいは新しい業務の進め方を組織に浸透させることが課題だった場合、この手法は強力な武器になる。顧客の視点でビジネスを眺めれば、スタッフがCEOなのか現場の人間なのかに関係なく、誤った判断をすることは少なくなる。

創造的なプロセス

デザイン的なアプローチでは、視覚ツールや創造的な手法をさまざまに活用してビジネス課題を解決する。この20年で、デザイン思考は、椅子や携帯電話の設計だけでなく、社内の保安計画の策定や、病院業務の最適化、銀行サービスの刷新といった複雑な問題にも応用できることがわかっ

てきた。

　創造的なデザインと言われると、最初はうさんくさくてよくわからないものに思えるかもしれない。それでも革新的な新サービスを提供し、硬直した組織に風穴を開けたいとき、デザイン思考は絶大な威力を発揮する。

定量調査

　サービスデザインで大切なのは、定量調査の結果を定性的な方法で検討することだ。そうやって、多くの顧客に当てはまる予測パターンに、極めて主観的な人間理解を組み合わせることで、顧客のニーズやウォンツを満たすだけでなく、彼らを喜ばせ、刺激し、活気づけるサービスを生み出せるようになる。

インサイトVS数字

　市場調査は、基本的には多数の人間を対象に実施する定量的なもので、統計上の「真実」を明らかにする。一方、少数の人間を対象に行う定性的な顧客調査からは、重要なインサイトが手に入る。市場で成功を収める確率を高めたいなら、その2つを組み合わせて使う。つまり示唆に富むインサイトから、ターゲット顧客の人となりを知り、そこに市場の現実を重ね合わせる必要がある。

振る舞いを理解する

　定性調査は、数からはうかがい知れない、人間の振る舞いを暴き出す。行動の動機といったアンケートの項目になりづらい部分は、顧客個々の生活へ深く分け入らない限り、明らかにするのは難しい。

　こうして見つけ出した顧客の振る舞いは、明確な顧客像を描き出すための貴重な情報源となる。日々の暮らしの中で、顧客はどのようにサービスを体験しているのか。何を必要とし、何に価値を置くのか……。本物のサービスを創り出す創造的なプロセスでは、こうしたインサイトが大きな手がかりになる。

そして、このインサイトを数字と組み合わせると、その戦略への影響は絶大になる。

成功にはインサイトが不可欠

体験は人間に関わる主観的な事柄だから、数値化は難しい。だからといって、顧客の体験に対して合理的なアプローチが採れないわけではない。サービスデザインを使えば、他の調査やアプローチと同じ枠組、同じ精度で、数字にはならないインサイトを抽出できる。

そして何より、顧客を「人として」知れば、顧客のニーズや期待に対する配慮が隅々まで行き届いたサービス、言い換えるなら、喜びをもたらし、ほしいという気持ちを引き出すインタラクション（交流。サービス提供者と受け手の間などで発生する）をデザインできるようになる。

視覚化されたストーリーテリングの説得力

視覚化は、インサイトを結果につなげるための強力な手段になる。これは、システムやプロセス、顧客の体験への理解を深めたいときにとりわけ有効だ。簡単なスケッチやイラストが、アイデアを明確化し、コミュニケーションを円滑にし、同僚や上司、実行チームを説得する材料となる。

複雑な状況を理解する

今日の市場環境で、優れたサービスを提供するには、社内外の複雑なITシステムをうまく統合する作業が欠かせない。こうした複数の部門が絡む仕事では、さまざまなプロセス間の折衝がカギとなる。

視覚化を使えば、複雑な状況を図式化し、状況を構成する要素や、要素どうしのつながりを把握できる。マップ、グラフ、組織図などがあれば、状況を本当の意味で理解し、どこに注力すべきかという共通認識を確立し、複雑な情報を整理できる。

アイデアを伝える

　視覚化は、スタッフの思考やコミュニケーションの助けにもなる。情報のあふれる現在のビジネス環境では、知識の獲得がいちばんの課題になることは少ない。時間や労力、頭の体力を要するのは、アイデアをいかにしてシンプルで、わかりやすい形で提示するかという部分になる。

　図やデザインは、抽象的なアイデアを素早く効率よく見せる手段だ。だから、付せんに大量のアイデアを書き綴る人間にとって、視覚化はうってつけのツールになりえる。

顧客体験を形にして表す

　デザイン思考の偉大な先駆者の1人であるIDEO社の共同創業者、ビル・モグリッジは、こんなことを言っている。「体験せずに体験することはできない」。これはつまり、体験とは色や空間、形、インタラクションの感じ方である以上、創り出したい体験を正確に表現しようと思えば、言葉だけでは絶対に追いつかないという意味だ。

　そこで、視覚化の出番となる。顧客のシナリオ、店舗の間取り、ウェブサイト、携帯電話のインターフェイス、それに広告のデザインなどを戦略の早い段階で視覚化しておけば、どんな体験を生み出したいかを具体的に、文字ばかりの資料よりもはるかにきちんと伝えることができる。そうすれば、ビジネス目標が明確化し、目標への到達方法も自然と導き出される。

デザインはみんなで創るもの

　サービスデザインを扱った文章には、よく共創という言葉が登場する。これは、サービス創出の創造的なプロセスに、顧客とスタッフの双方が積極的に関わることを指す言葉だ。

　製造業の世界では、デザインとは普通、企業が会社のニーズを基に開発プロセスを定め、それに沿って担当者が製品のプロトタイプ（試作）を作り、実用テストを行ってから発売するという過程を指す。6カ月や12カ

月、24カ月といった製品サイクルに沿って動く組織では、この方法が当たり前に採用されている。

サービス部門は違う。サービスは日々、リデザインや最適化、改善の対象となり、それをスタッフが развитие、管理、提供し、顧客が体験する。こうした世界では、新しい解決策を考え出し、世に送り出すプロセスへ顧客を常に巻き込めているかが、業績にそのまま跳ね返ってくる。

アイデアは引き出す、決して押しつけない

共創という考え方の前提にあるのは、顧客はもともと自らのニーズを自覚しており、しかもたいてい、ニーズを満たす自分なりのアイデアも持っているという仮定だ。顧客に対して扉を開き、彼らを独創的な形で開発チームに迎えることができれば、アイデアはあふれるように湧き出し、今までよりも簡単に、顧客の本当の要求や願望を満たせるようになる。それに、イノベーションの手段としては安上がりで時間もかからない。

顧客とともに解決策をデザインする

サービスの卓越性を保つ上で、いちばん大切なのは、改善を止めないことだ。ビジネスで勝つには、顧客の不満や非効率な提供を巧みに避けなくてはいけない。

顧客から積極的にアイデアを募り、調査で判明した実際の振る舞いと組み合わせる。それができれば、そこを確かな足がかりとして、体験をデザインし、提供し、改善できるようになる。そして、明らかな違いを生み出せるようになる。

スタッフとともに解決策をデザインする

本物のサービスのプロは、日々サービスを提供することを怠らない。それは、店頭で直に顧客と顔を合わせるスタッフでも、舞台裏の物流部で働くスタッフでも変わらない。

どちらの場合でも、サービスの担い手は、何が顧客に価値をもたらし、何がビジネスにとって有効かについて、極めて詳細な知識を蓄えている。

だから、店頭スタッフを創造的なデザインチームの一員に加えれば、成功の確率は増す。改善がスタッフのやる気を高め、創造の過程で変化が起こるのも、見逃せない副産物だ。

枠組としてのサービスブループリント

　顧客のニーズを満たせなくて困っているのなら、自らが提供している体験を分析し、それがいつ、どんな形で価値を加えているかを理解し、体験の改善点を特定しなくてはならない。その手助けになるのが、サービスブループリントだ。サービスブループリントは、サービスを構成する要素の一切を書き込んだ、サービスの概要図だ。これがあれば、巨大な組織の一スタッフであっても、全体の中での自身の立ち位置を確認し、顧客を第一に考えながら、サービスの課題を解決できるようになる。

サービスをカスタマージャーニーに当てはめる

　サービスブループリントを作るには、まず、カスタマージャーニーを描く必要がある。サービスを通じて顧客と企業との結びつきが生まれていく過程を、顧客の視点から、顧客エンゲージメント（顧客とサービスや商品、ブランド、企業等の間の関わり合いや関与のこと。関連：P.83）の**以前、開始、途中、以後**という4段階で描き出す。それが本書で言うカスタマージャーニーだ。その道のりがわかると、顧客と組織とのインタラクションのすき間や、不備が生じている地点が浮かび上がってくる。

表舞台のチャネルと舞台裏のプロセス

　サービスブループリントを作ると、ウェブサイトや直接の会話、コールセンター、スマートフォン、あるいは第三者の提供サービスといった異なる顧客とのインタラクション、つまり「表舞台」のチャネルがカスタマージャーニーに関連しているかが見えてくる。もしかしたら、カスタマージャーニーとの関係性がチャネルごとにバラバラで、サービスに一貫性がないことが浮き彫りになるかもしれない。各チャネルの働きを視覚化してい

くと、今度は「舞台裏」のプロセスをチャネルとどう連動させれば顧客の期待を満たせるか、その大まかな方向性がすぐに見えてくる。余計なチャネル、役割が重複しているチャネルも洗い出せるので、サービスの簡素化にもつながる。

共有された概要に基づいて意思決定を行う

サービスブループリントは、俯瞰視点を手に入れるためのツールだ。どんな要素がサービスを構成しているのか、それらをどう連動させれば顧客に価値を提供できるのか。それがわかれば、大小さまざまな意思決定の精度も高まり、顧客のサービス体験を改善しつつ、業務を効率化する行動が取れるようになる。

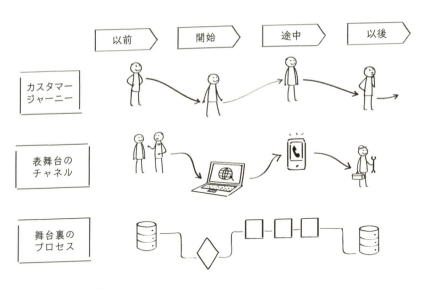

サービスブループリント

第 2 章

大枠を理解する

サービスデザインの 3 つの枠組

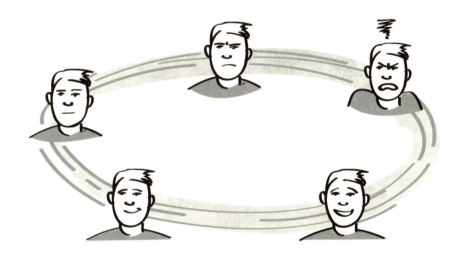

　製品ではなくサービスに注力しようと思うときに 1 つ問題となるのは、サービスについて同じレベルで語るための共通語がまだ開発されていない点だ。蓄えてきた財産も、持っている考え方も工業社会に由来する我々は、機械化後の経済を、機械語を使って語ってしまっている。サービス部門のビジネスで言えば、銀行や電気・水道会社、電気通信会社などがその極端な例で、こうした業界の企業はどこも、工業化社会の言語を使って業務を表している。そのものずばり、製造部という部門のある会社もある。

第2章 大枠を理解する

　そんなわけで、この章では、サービスの創造と管理について話す際の共通語をいくつか紹介する。具体的には、サービスデザインの重要な領域を3つに分けて解説し、併せてサービスについて議論し、解説する際によく出てくる各領域の用語をいくつか紹介していこうと思う。

　1つめの領域は、**動き**だ。サービスの世界で、動きという言葉は、サービスのデザインやマネジメントを理解するために欠かせない、特別な意味を持つ。動きとは、もちろん、サービスの中での人の行動を指す。それは、ある顧客がサービスを認知し、購入し、使用し、ときにはある日そのサービスを離れるまでの過程を示す場合もある。また、複数の顧客の動きを指す場合もある。サービスは多くの場合、無数の顧客を抱えており、さまざまなタイミングで飛び出す顧客の要求に応えるには、その無数の人間をどうやって管理するかが重要になるからだ。さらに動きは、サービスで重要な「質」を意味する場合もある。ここで言う質とは、サービスの提供過程で物事がどれだけスムーズに流れているか、顧客や従業員が、実施すべきことをどれだけ快適にこなせるかを表す。そして動きは、顧客体験、カスタマージャーニー、ユーザーストーリー、プロセス等々を語る際にも使われる。サービスデザインでは、動きは左から右へ向かう横線で表現される。ビジネスや組織が顧客指向の目標、たとえば顧客の惹きつけや獲得、維持といった目標を達成したいのなら、サービスを通して人の動きを理解することが必須条件となる。重要性は行政サービスでも変わらない。目標が、顧客を望みの成果、たとえば新しいスキルの獲得や健康の増進、税の還付などへ導くことに変わるだけだ。

　2つめの領域は**構造**だ。構造が大切なのは、サービスが雑多なものの寄せ集めだからだ。サービスは、数多くの異なる要素が組み合わさってできている。たとえばバスの運行サービスは、乗り物、運転手、運行表、運賃といった要素の集合体と言える。ただし、製品の場合は部品が常にそこにあるのに対して、サービスでは提供のタイミングに合わせて要素が現れたり消えたりする。サービス提供のために、複数の経路(チャネル)を配置する場合もある。顧客エンゲージメント（P.31参照）戦略では、こうしたチャネルの活

用の仕方を理解することが基盤となる。また、構造という言葉は、チームや部門、課といった組織構造を指す場合もあれば、業績などの指標の構造を指す場合もある。サービスをさまざまな側面から分類して構造化し、複雑に混じり合った状態から個々に管理できる要素に分ける。そうすると、全体像を俯瞰しながら、同時に個々の要素にも注目できるようになる。つまり構造とは、体験やエンゲージメント（関わり合い、関与）、組織構造、あるいは業績といった、サービスのさまざまな要素の「見方」なわけだ。動きが横の線だとすれば、構造はそれに対応した縦の階層で表現される。構造を理解できれば、人材やテクノロジーといった手元の資産を整理し、それらを連動させて活用できるようになる。

　最後の領域が**振る舞い**だ。振る舞いとは、動きと構造の交差する場所で起こる現象を指す。顧客はそれぞれのチャネルで、またチャネルを移るタイミングで、どのように振る舞うのか。異なる状況で、または人生の異なる段階で、どのように振る舞うのか。組織内の人間は、顧客や同僚とのインタラクション（P.28参照）に際してどう振る舞うのか。テクノロジーにも振る舞いがある。そうした振る舞いを、動きと構造という枠組の中に置くことで、顧客やスタッフ、テクノロジーの現在の振る舞いをいっそう深く理解し、新しい振る舞いのデザインもできるようになる。デザインを通じて振る舞いに影響を及ぼせるようになること。それが、業績アップの本当の出発点になる。

動き

　構造とともに、動きは、サービスの欠くべからざる性質だ。顧客は必ず、サービスのさまざまな段階や局面を移動しながら、サービスや、そこから生じる価値を受け取っていく。サービスデザインをはじめとする顧客指向の分野で、動きはさまざまな解釈をされる言葉だが、その第一義は、「カスタマージャーニー」だ。つまり、サービスには時間の流れがある。

　サービスデザインは、この動きの理解とデザインを助け、よりスムーズ

にし、好結果をもたらし、そして顧客を目的達成へと導く手段となる。サービスデザインでは、動きは左から右へ向かう横の流れで表されるのが普通なので、この本でもそれを踏襲する。ただし、この流れを理解することも重要だが、最終的にサービスは循環するものであり、終点から始点に向かう動きを含んでいること、そして1つのサイクルが、一段大きなレベルの行程の一部を構成する場合があるということは、覚えておいてほしい。

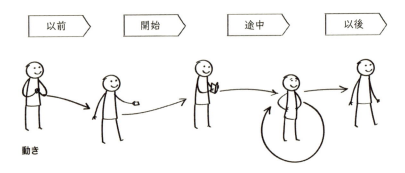

サービスの4つの段階

> 現在の、そして未来の顧客体験のストーリーを語ることで、顧客に関するインサイトが増え、サービスデザインの精度も向上する。

　優れた物語がそうであるように、物語性のある構造には、4つの「幕」（段階）がある。「以前」、「開始」、「途中」、そして「以後」だ。顧客の体験を形作るこの4つの段階を理解すれば、体験やサービスをデザインする力も増す。

　多くの組織が顧客の心をつかめずに苦労する理由は、1つには、顧客視点で体験の全体像を見渡すことができず、自分たちにとって重要な場面にばかり注目してしまう点にある。購入のような組織にとって非常に重要な瞬間、手術など何かの実行の瞬間、新車の配送の瞬間。そうした一場面からいったん目を離し、体験のあらゆる側面、つまり体験の以前、開始、途

中、以後をいちどに視野に入れると、今までとは違ったものが見えてくる。購入へ向かう以前の顧客には、いったい何が起こっているのか。重要な局面を迎えたあとの顧客には、何が起こるのか。組織・ビジネスと顧客が、サービスを使ってウィンウィンの関係を築くには、こうした疑問に答えを出すことがカギとなる。

　人生の重要な段階、たとえば引っ越しや退職をめぐるストーリーも、顧客のニーズを理解する手がかりになる。顧客の日々の体験を綴ったストーリーは、彼らがサービスに何を感じ、他者にどんなストーリーを語ったかを教えてくれる。

　ここからは、サービスデザインの物語の4つの段階を、1つずつ詳しく見ていくとしよう。

4つの段階：
サービス体験を顧客視点で理解するための基本構造となる簡単な枠組。

以前——顧客はどこからやって来るのか

　顧客はどこからやって来るのか。サービスと結びつく前に、顧客はどんな体験をしてきたのか。そしてその過程で、どんな期待や知識、あるいは偏見を育んできたのか。こうしたことはどれも重要な情報になる。たいていの顧客は、過去に競合他社や類似企業のサービスを体験したことがあり、それが彼らの期待を彩っている。医療部門なら、病院へ行く人の多くは、以前に別の医者にかかったことがあり、その体験によって、病気をど

第 2 章　大枠を理解する

のくらい理解しているか、医師をどのくらい信用しているかが変わってくる。

あなたの組織とインタラクションする以前の顧客体験に思いを巡らせると、彼らが携えている荷物の想像がつくようになり、新規顧客の期待に沿ったいい準備ができるようになる。

顧客のこれまでに関する情報は、マーケティング戦略や手法、そして売上にも大きく影響する。以前の顧客を知っていれば、売り込み方を微調整し、「安心したい」「情報がほしい」といった顧客のニーズにきめ細かく対応できるようになる。特定のニーズに合わせた売り込み方やコミュニケーションの取り方を工夫したり、あるいは満たされないニーズを満たすことで市場に立ち位置を確保したり、競合他社との差別化を図ったりもできる。

行政サービスのいくつかの部門では、たとえば警察から裁判所へなど、顧客があるサービスから別のサービスへ移動することがよくある。そしてしばしば、前のサービスとその次のサービスのすき間にはまり込む。こういった場合でも、サービスを利用する以前の顧客の状況を理解すれば、サービスの一貫性を保ち、顧客を最終目的地へ楽に導けるようになる。

開始──関係の始まり

事業が成功を収めるには、顧客とサービスとの関係の始まり方が肝心だ。顧客の維持率や、その後のサービスの提供コストは、第一印象によって大きく変わってくる。出会いがよければ、顧客の満足度は高まり、関係が長続きする可能性も増す。

広い意味で、「開始」は、人生の節目における最初の体験を指す言葉でもある。学校への入学や、子どもの誕生、あるいは病気の発症。そうした瞬間に何を体験するかが、のちの人生を大きく左右する。そうした切り替え時期には、人はたいてい新しいサービスに目を向け、好調な滑り出しの助けになりそうなもの、良い成果をもたらしてくれそうなものに手を出そうとする。そう考えれば、子どもの入学も、立派な新サービスの始まりだ。優秀な学校は、子どもが早く学校に馴染むためのケアを怠らない。精

神状態が安定した生徒のほうが、学習効率が高いことを知っているからだ。

　新しい契約（たとえば電話料金や保険のプラン変更）への署名や、新製品の購入（特に車やボイラーなどの複雑な製品）といった日常の出来事でも、基本は変わらない。最初（機械製品で言えば設定）がスムーズかどうかで、顧客がその商品から受け取る価値、さらには提供企業や受け取った価値のイメージも決定的に変わってくる。企業が提供したと思っている価値と、顧客が受け取ったと感じる価値にズレが生じることは珍しくない。そして、顧客が最初から企業に不信感を抱いていたら、そのあとの関係もうまくいくわけがない。あなたも今ここで、提供していると思っている価値と、実際に提供している価値がずれていないか確認してみてほしい。

途中――日常と非日常の出来事

　物語の比喩を引き続き使うなら、途中は起承転結の「承」と「転」に当たる部分だ。いろいろなことが順調に行っていたかと思えば、問題や大事件が起こって、乗り越えるべき壁として立ち塞がる。具体的にどういった紆余曲折が生じるかは、物語の種類によって変わってくる。それはサービスでも同じで、学校や鉄道会社のように、スムーズな流れという基本にちょっとしたハプニングが挟まるサービスもあれば、消防署や救急病院のような、緊急事態への対処がサービスの大部分を占めるものもある。

　日常のサービスと緊急のサービスとは、別の言い方をすれば、想定内の体験と想定外の体験だ。想定内の体験とは、契約に含まれている、あるいは顧客が得て当然と思っているものを指す。普通に電話をかけられる、メールを送れるといった体験は、こちらに含まれる。対して想定外の体験とは、予定外の事態が生じたときに顧客が期待する援助のことだ。落としたり盗まれたりした電話の交換は、こちらに当てはまるだろう。

　サービスを使っている途中の顧客体験、すなわちストーリーを想像することがなぜ大切なのか。その理由はいくつかあるが、まず指摘しなくてはならないのは、顧客が商品を購入したり、契約を結んだりしたとたん「スイッチを切り」、その顧客には目もくれなくなる企業が多い現状だ。そん

なことをされれば、当然、顧客はほったらかしにされたと感じる。企業の多くは、カスタマーサービスをコストとみなし、サービスの充実を怠っている。その結果、顧客は不満を溜めてその企業の元を去っていく。

　次の理由は、顧客は変わるからだ。組織との関係や契約が確立されているあいだにも、顧客の置かれた状況は変化し、併せてニーズも変わっていく。その変化に対応できなければ、顧客の組織に対する評価は下がっていく一方だ。引っ越しのようなごく普通の変化が、サービス体験に大きな影響を及ぼす。顧客との結びつきや、顧客からの評価を保つには、変化の渦中にある顧客をどう支えるかをデザインしなくてはならない。逆に言えば、引っ越しなどの変化は顧客に援助の手を差し伸べる絶好の機会になる。

　最後の理由は、サービス体験では必ず想定外の事態、つまり物事がスムーズに進まない事態が起こるからだ。ハプニングの中身は、サービスの遅れかもしれないし、サービスの不備かもしれないが、いずれにせよ、そうした状況を放置しておけば困るのは顧客だ。不測の事態に対処せずにいれば、顧客の企業を見る目はどんどん厳しくなっていく。単純な問題か、複雑な問題かはあまり関係がない。顧客が問題に気づいていて、そしてその問題が顧客にとって大きな意味を持っている限り、企業がその問題にどう対処するかで、顧客のサービスに対する意見が辛辣になるか、それとも好意的になるかが変わってくる。

以後──顧客は次にどうするか

　過去の顧客は、将来の見込み客でもある。そうである以上、彼らから目を離してはならない。しかし、サービスを利用したあとの顧客を軽視する組織は驚くほど多い。それに顧客は、別のブランドから元のブランドへ回帰することがある。これは、元顧客として歓迎してもらえた場合に多くみられる現象だ。

　行政サービスでも、顧客があるサービスから離れれば、そこには次のサービスに対する需要が生まれる。たとえばイギリスの医療部門では、病院サービスの質の低下が、地域医療への需要を掘り起こした。治療後に十分

なアフターケアが受けられなければ、再発や、避けられたはずの別の病気にかかるリスクが生まれるのだから、これは当然の現象だった。

　サービスを利用したあとの顧客を大事にする具体的な方法としては、1つはこまめに連絡を取ること。そしてもう1つは、サービスを離れた顧客のニーズを満たす、次のサービスをきちんと用意しておくことだ。1つのサービスの「終わり」は、次のサービスの「始まり」なのだ。

　顧客は自らの体験を振り返る生き物だ。たとえ、離れていった顧客に「関係を続けるつもりはない」と言われたとしても、連絡を取って去った理由を聞けば、別の既存顧客を逃さないための貴重な情報になる。

POINT
1　顧客の体験は、組織とのつながりができる前に始まっている。
2　始まり方次第で、関係の良し悪しが変わってくる。
3　顧客のニーズは、関係の途中でも変わりうる。
4　過去の顧客は将来の顧客でもある。
5　あるサービスの元顧客は、別のサービスの見込み客である。

カスタマージャーニーを顧客のライフサイクルに沿ってデザインする

> 顧客のライフサイクル、そしてカスタマージャーニーを描き出すことができれば、顧客の体験を理解し、改善案をデザインできるようになる。

顧客のライフサイクル

　顧客のライフサイクルとは、大多数の顧客に当てはまる、サービス体験の枠組を指す。ライフサイクルが示すのは、組織と顧客との関係性だ。それがわかれば、サービス、あるいは部門全体を顧客視点で捉えられるようになる。両者の関係の変遷、つまり顧客がサービスをどう認知し、どう顧

第2章　大枠を理解する

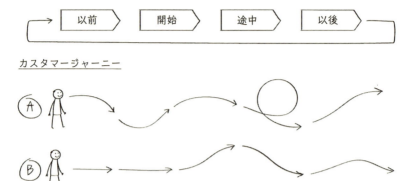

顧客のライフサイクルとカスタマージャーニー：
ライフサイクルは全体の構造を指し、一方でカスタマージャーニーは、全体の枠組の中での個々の体験を指す。

客になり、どうサービスを使い、最後にどう関係を刷新する、あるいは終わりにするかを示したもの。それが顧客のライフサイクルだ。

　ライフサイクルが明らかになると、サービスの成功に欠かせない、顧客の側の事情が見えてくる。たとえば、サービスの選択基準や、利用中のニーズの変化は、組織視点を採っているだけではなかなか見えてこないものだ。その点、ライフサイクルが描ければ、顧客の体験や振る舞いを構造的に分析し、サービスの穴や改善点を特定できるようになる。

　ライフサイクルの威力は、顧客の振る舞いや決断に影響している要素を深く理解したいときに発揮される。ライフサイクルは、大多数の顧客に当てはまる振る舞いや体験を明確な形で提示してくれる。それが把握できれば、顧客との結びつきをいっそう深める強力な戦略も練れるようになる。

　このように顧客のライフサイクルは、顧客の体験を戦略レベルで、さまざまな角度から知るための基準となる枠組になる。

アウトサイドインの視点を持ち続ける

　顧客のライフサイクルとは、顧客とその部門のサービスとの関係を、段

階的に、あるいは局面ごとに順番に表したものだ。1企業、1ブランドにしか当てはまらないものは、顧客のライフサイクルではない。たとえば保険や公共交通機関、施設管理のライフサイクルは、自社、競合他社、同業他社とで共通している。保険なら、顧客が保険に入る際のニーズに大きな差はなく、提供企業がどこかはほとんど関係がない。ライフサイクルで大事なのは、それが企業内部のプロセスや商品ではなく、顧客という外部の現実を映しているかどうかだ。その構造を使えば、顧客のニーズにきっちり対応した体験を提供できるようになる。

顧客の傾向を理解する

　部門に関係のある顧客の振る舞い、あるいは市場の傾向を理解するツールとしても、ライフサイクルは抜群に優れている。ライフサイクルにデータを配置(マッピング)していけば、傾向や分布が見えてくる。サービスの切り替えや解約のような振る舞いなら、年齢層や所得層、性別といったセグメントごとに、解約しやすい層、切り替えやすい層の割合を調べることで、顧客の振る舞いを数値化できる。このように、ライフサイクルには、ビジネスにとって重要な要素を振る舞いという形で視覚化する力もある。

ホットスポットを見つけ出し、そこへリソースを集中する

　ライフサイクルは、外科的な分析にも使える。たとえば、顧客が不満を抱いている箇所や、サービスの不備が発生している地点をライフサイクルにマッピングしていけば、顧客がらみの問題が起こっている部分、いわばライフサイクルの**ホットスポット**を見つけ出せる。分析は、苦情や満足度調査といった手元のデータを使って実行してもいいし、特定の問題を対象に、ピンポイントでデータを集めてもいい。いずれにせよ、大きな失敗が生じている点、業績のボトルネック、不要なコストの原因などがわかれば、対応の優先順位もはるかに定めやすくなる。

ライフサイクルを使ってアクターの種類を知る

　例として使いやすいB2Cのビジネスと違い、B2Bのビジネスでは、顧

第2章 大枠を理解する

客は1種類の人間とは限らない。企業には普通、役員や経理、部長、そして一般社員がいて、誰もが製品やサービスを利用している。この本では、話をわかりやすくするため、立場の異なるさまざまな人を「アクター」と呼ぶことにする。ライフサイクルは、組織にどんなアクターがいるかを教えてくれる。アクターのタイプがわかれば、タイプごとの適切なサービス提供の形、タイミングもわかってくる。アクターはB2Bの顧客以外にも有効だ。家族、あるいは出自も役割（配役）も異なる人間の集まりを対象とした複雑なサービス、たとえば法廷や学校サービスなどにも、この考え方は応用できる。ライフサイクルを使えば、アクターたちの動きを、1つの枠の中で観察できる。そうやって、ライフサイクルの各段階におけるアクターの役割を明らかにしていけば、共通のニーズや振る舞いをあぶり出すこともできる。

カスタマージャーニー

カスタマージャーニーは、個々の顧客にとっての理想の体験を表したものだ。その道のり（ジャーニー）はいくつかの段階に分かれていて、顧客はそれぞれの段階で組織とインタラクションする。ウェブサイトや売り場、コールセンターといったチャネルを通じて、顧客と組織が関わりあっていく過程を視覚化したもの、顧客ごとのインタラクションの流れを表したもの、それがカスタマージャーニーだ。

カスタマージャーニーは、顧客体験やサービスデザインの世界ではもはや常識となったツールで、この分野で成功を収めたいなら、カスタマージャーニーの使い方や価値に習熟することが不可欠だ。

カスタマージャーニーは、顧客エンゲージメントをデザインし、サービスの質を改善したいときに威力を発揮する。カスタマージャーニーは、どんな決断をするべきか、どこへリソースを注ぐべきか、どんな活動を実施すべきかを組織に教える、いわばガイドマップであり、重要性は極めて高い。

顧客体験は、部門の構造的な性質に強い影響を受ける。である以上、カスタマージャーニーとビジネス、あるいは部門との関係性は、正確に把握

しておかなくてはならない。たとえば通信サービスの顧客体験には、顧客の機器や自宅が通信ネットワークにつながっていなければ、サービスを提供できないという技術的な制約がある。部門ごとの顧客のライフサイクルを作るには、こうした特徴の把握が肝心だ。また、ライフサイクルは基本的には一定しているのに対し、ライフサイクルの内側にあるカスタマージャーニーは、時と場合によってジャーニーがさまざまに変化する。通信サービスを例に取るなら、ネットワークの設定から回線との連結というサイクル自体は、どの顧客でも変わらない。ところが設定の過程でどんなサービスを体験するかの道のりは、サービス会社とのインタラクションの中身や使うチャネル、設定時期などで変わってくる。カスタマージャーニーは、サービス体験のさまざまなパターンを見つけ出し、顧客とビジネス双方の利益になる、快適な旅をデザインするためのものなのだ。

　カスタマージャーニーを、業界やサービスのライフサイクルの構造に適合していながらも、変動する体験として考えられるようになると、このあと紹介する重要なポイントを検討するのがずいぶん楽になる。

顧客の選択、振る舞い、好み
　顧客はタイプごとにそれぞれ異なった好みを持っていて、異なった選択、異なった振る舞いを取る。そんなとき、カスタマージャーニーを作成し、顧客のタイプごとのサービス体験を把握しておけば、さまざまなタイプに効く汎用性の高いサービスを用意しつつ、それを各タイプに合った形で提供できるようになる。自分に合ったスピードでサービスを体験できるから、顧客も遅さにイライラしたり、逆に速さに落ち着かない気分になったりすることがない。既存顧客と新規顧客に共通のプロセスをデザインしたほうがいいときもあれば、顧客の選択を（もちろん慎重に、影響の大きさを踏まえながら）制限したほうがいいときもある。どちらにせよ、カスタマージャーニーは、顧客という外的要因への手広い備えになる。

チャネルを活用してジャーニーをデザインする
　カスタマージャーニーは、顧客エンゲージメント活動でチャネルをフル

活用したいときにも役に立つ。チャネルはそれぞれ独立したものと考えられがちだが、最高のサービスを提供しようと思えば、チャネルからチャネルへ、そのときどきで最も効率的なタッチポイント（顧客との接点）へ顧客を導く必要がある。そんなとき、カスタマージャーニーマップを見れば顧客の移動ルートは一目瞭然という状態を作っておけば、前のチャネルの出口のそばに、次のチャネルへの入口を用意できる。新しいチャネルへ切り替えてほしいときも、古いものを無理に捨てさせたり、サポートの質が低下して顧客をイライラさせたりすることなく、自然な移行が実現できる。カスタマーサポートなら、応答に時間のかかる電話対応から、オンラインサービスへ切り替えられる。

POINT
1 ライフサイクルは理解の助け、カスタマージャーニーは行動の指針になる。
2 カスタマージャーニーがあれば、臨機応変な対応ができる。
3 カスタマージャーニーがあれば、顧客のタイプに合わせたサービスがデザインできる。
4 カスタマージャーニーは、チャネルどうしのつながりも表す。
5 カスタマージャーニーは、人間（アクター）ごとのサービス体験を表したものである。

顧客のニーズや期待を満たすもの
──情報、インタラクション、取引

> 体験の各地点における顧客のニーズや期待がわかれば、今までより効率も効果も高いサービスをデザインできるようになる。

顧客はニーズを満たすためにサービスを使う。ニーズには、食べる、旅行する、泊まる場所を見つけるといった単純なものもあれば、学校へ行

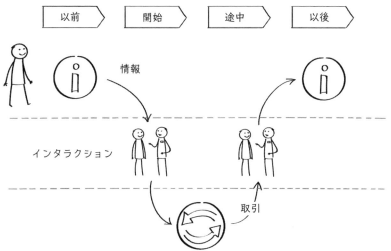

情報、インタラクション、取引:
この3つを使うと、サービスを、体験の地点ごとに顧客のニーズの異なる視点で分解できる。カスタマージャーニーは、3カテゴリー間の移動の過程とも言える。

く、病気を治すといった本人も内容を把握し切れていない複雑なものもある。ニーズは基本的には不変で、時代による変化は少ない。その意味で、ニーズはライフサイクルとの結びつきが強い要素と言える。ニーズを把握できなければ、サービスを十分に機能させることは不可能だ。

　一方で、顧客はサービスに対して、ニーズだけでなく期待も抱く。期待は、顧客の過去の体験、あるいは市場が生み出すもので、顧客がサービスの質を評価する際の重要な基準になる。あるサービスがなんらかの結果をもたらし、顧客の状態をAからBに変化させたとしても、その過程が期待に沿うものでなければ、返金でもない限り、顧客は二度とそのサービスを使わないだろう。顧客は、ニーズ充足の過程で得られる体験、情報、そしてインタラクションや取引の質を大切にするのだ。

　簡単に言えば、ニーズはサービスが**何か (WHAT)** ということに対して、期待は**どのように (HOW)** サービスが提供されるかということだ。前者はサービスの実体、契約や合意の内容を指し、後者は提供の方法や質、あるいは情報交換の方法を指している。

047

第2章 大枠を理解する

話をわかりやすくするために、この本では、顧客のニーズと期待を**情報、インタラクション、取引**の3つに分類した。このほうが、ニーズの内容が具体的になるし、ニーズを満たすメカニズムも考えやすくなるからだ。3つはそれぞれ、情報が人やものを知るためのニーズ、インタラクションが人やものとの結びつきのためのニーズ、そして取引が人やものとの交換を求めるニーズと考えてほしい。

情報

顧客がサービスに対して情報を求めるのは、力を得たいからだ。決断をする力、サービスの提供者を信用する力、安心する力……。サービスのコストやタイミング、内容について、提供者の持つ情報よりも顧客の持つ情報が少ないなら、情報の伝え方に問題がある。

購入の判断に関する情報を例に取るとわかりやすい。判断がつかなければ永久に購入の瞬間はやって来ないのだから、これはサービスの結果を左右する重要な情報と言える。飛行機の搭乗券、電話の料金プラン、受けるべき治療。どれも情報がなければ選ぶのは難しい。サービスの受け始めにも情報は必要だ。サービスの流れ、サービスの中身、契約の変更方法。そうした情報がなければ、顧客は先へ進むことができない。

情報に対するニーズは、固定的で予測しやすい。一方で、情報への期待はさかんに変化する。あるチャネル、たとえばメールから得られる情報で満足していた顧客が、あるときいきなり、別ルートでの情報提供や、ツイッターの更新を求めるようになる。マナーやファッションと同じで、情報伝達のトーンやスタイルに対する期待は、時代とともに移り変わる。顧客の年齢層によっても、期待は変わる。大切なのは、重要なチェックポイントにおける基本的な情報ニーズを理解しておくこと、そして、情報の提供の仕方を常に気にかけておくことだ。

インタラクション

顧客のニーズは、情報だけで満たされるとは限らない。顧客はときに、サービスと接して、力を合わせて何かを作り出さなくては先に進めないと

考える。たとえば、自身の好みや具体的な状況をサービスに反映してほしくて、サービスの提供者と連絡を取る顧客だ。伝えたい内容としては、アレルギーの有無や自身が置かれた法的状況、通院歴などが考えられるだろう。

　サービスが自分にとって個人的なものになった瞬間、顧客はインタラクションを求める。それぞれのニーズに合わせてサービスを微調整してほしいタイミング、とでも言えばいいだろうか。インタラクションは、宿泊日の入力のようなシンプルなものもあれば、生徒1人1人に合わせた指導のような複雑なものもある。

　いずれにせよ、インタラクションは、サービスの提供側が顧客との関係を築く機会になる。関係は、カスタマーリレーションシップマネージメント（CRM）システムの中にできることもあれば、教師の脳内にできることもあるが、いちど関係ができれば、提供側も顧客それぞれのニーズにきっちり合ったサービスを出さずにはいられなくなる。

　情報と同じように、顧客のインタラクションに対する期待は多岐に渡る。この支店で口座を作りたい、あるいはオンライン口座がいいというように、顧客の好みによって、接する希望チャネルが変わってくることもあるだろう。インタラクションのスタイルも大切だ。いや、顧客が「どう扱われたいか」という期待を指す以上、極めて重要と言ってもいい。

　顧客はサービスに対して、一定の敬意や専心、速度といった質を期待する。どんな関係でもそうだが、相手をどう感じるかはインタラクションの質によって決まってくるのだ。

取引

　サービスには、必ず取引の要素がある。その点が、友人どうしなどのほかの関係とは違う。サービスが一種の契約だとすれば、取引はその核だ。顧客は、購入や決断、設定、あるいは契約内容の変更や契約の更新、破棄など、体験の肝となるタイミングでサービスとの取引を求める。当たり前の話のように思えるかもしれないが、取引をいたずらに複雑にして、顧客を失う企業は意外に多い。

第2章　大枠を理解する

　たとえば、成立までに時間がかかりすぎて、署名する気がなくなる契約。購入手順が複雑すぎるチケット。契約変更の手順が面倒すぎて、他社に乗りかえたくなるプロバイダ。規則や規制、方針といった、顧客にはどうでもいいものが取引を煩雑にし、顧客との取引が阻害される場面も多い。大切なのは、組織視点ではなく、顧客視点で取引の完了に必要なものを洗い出すことだ。それができれば、つまり組織や規制側のニーズではなく、顧客のニーズを満たすことを考えれば、サービス体験は劇的に簡素化する。

　取引のニーズと期待との関係については、ニーズがほぼ一定している一方、期待にはひたすら簡略化を求める流れがある。ある企業が最適な方法を生み出せば、顧客は同業他社もそれができて当然と考える。以前よりも臨機応変な取引に期待し、融通の利かない契約しか用意されていなければ腹を立てる。顧客の取引へのニーズに着目すれば、体験を改善し、さらにサービスのコストを下げることができる。

POINT
1　顧客のニーズとは、サービスそのもの、すなわちサービスの構成要素である。
2　顧客の期待とはサービスの提供方法、すなわちサービスの質である。
3　情報は、意思決定や信頼の土台となるものである。
4　インタラクションは、サービスを個別化する。
5　取引は、重要だが煩雑になりすぎる傾向がある。

構造

　サービスをデザインするには、まずそれを形作る構造を理解しなくてはならない。現行サービスの構造を理解して改善に取り組まなければならない場合もあれば、新しいサービスの構造を予測しなくてはならない場合も

あるだろう。サービスの構造は、採用するチャネル、土台となるビジネスのプロセス、サービスを提供する組織の構造などから成っている。

　サービスデザインでは、こうした構造を定め、それらをサービスブループリントやカスタマージャーニーマップ上に配置する。そのようにして、構造のどの部分がいつ、どう働いているかを視覚化する。

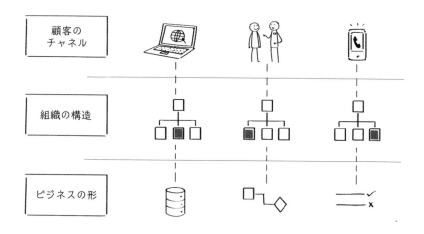

人間、消費者、顧客、利用者のライフサイクル

> ライフサイクルは、人間、消費者、顧客、利用者という「見せる顔」の違いで、人の振る舞いがどう変わるかを明らかにする。

　ライフサイクルとは、ある部門における顧客の体験を、アウトサイドインの視点で表したものだった。ここでは、業界や市場に固有の顧客のことはいったん脇へ置いて、未知から認知、決断、利用、退去など、人間の振る舞いに共通するパターンから段階的な流れを考える。

　振る舞いをライフサイクルに当てはめる際は、いくつかのレベルに分けて考えるとわかりやすい。人間の振る舞いは、そのレベル、つまりビジネスと関わる際に見せる「顔」によって変わってくる。具体的には、人の心の中には、人間、消費者、顧客、利用者という4つの顔が同時に存在して

第2章 大枠を理解する

いる。

　たとえば引っ越しをする人間なら、家族のことを考えて頭を悩ませるときは人間として、なるべく高く家を売りたいと思って市場調査を行うときは賢い消費者として、望みの銀行と長期契約を結ぶときは満足した顧客として、ネットで必要なフォームに入力するときはイライラした利用者として振る舞う。

　この4レベルの振る舞いをそれぞれ明確にできれば、ターゲットに最も合ったサービスやビジネスをデザインできるようになる。顧客の体験をレベルごとに理解できれば、特定のホットスポットにリソースを集中できる。この4種類の意識を知ることが、顧客ベース（固定客やリピート客のこと）が拡大するか、それとも縮小するかの分かれ目になるのだ。

人間のライフサイクル

　人間のライフサイクルでは、生まれてから死ぬまで、人が人生の各段階でどう振る舞うかを表す。5〜7年を1段階として、それぞれ顧客のニーズやウォンツを考えていく。ここで重要なのは、人としての一般的な体験を書き出すことだ。具体的な製品やサービスはひとまず気にしなくていい。

　人間のレベルでライフサイクルを明らかにすると、商品云々の話を超え

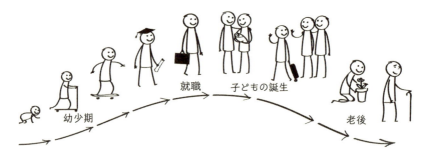

人間のライフサイクル：
人間のライフサイクルは、人生の局面や段階と、段階をへる中でのニーズの変化を書き出したもの。引っ越しや結婚、引退といった人生の重大事が意味を持つ。

た人生の大きな出来事や、世代ごとの傾向、ビジネスに影響しうる変化などが大まかにわかってくる。

人間のライフサイクルは、イノベーションを起こしたいときは特に重要になる。まだ見つかっていない潜在的なニーズや動機を発見し、それを満たすことができれば、競争で大きく優位に立てる。

消費者のライフサイクル

消費者のライフサイクルは、顧客がニーズやウォンツを満たす選択をする際の、市場での振る舞いを表したものだ。明確なニーズに対して複数の選択肢がある市場、競合他社が存在感を放っている市場、自社とは180度異なるニーズやウォンツの充足手段がある市場での顧客の振る舞いを書き出したものが、消費者のライフサイクルだ。

消費者のライフサイクルは、商品の繊細なポジショニングが求められる場面で役立つ。たとえば、パートナーや競合他社、あるいはこれまで無縁だった会社の商品と組み合わせて体験や商品を提供する場合、どう価値を提案するかという繊細な感覚が求められることが多い。消費者が置かれている状況を、消費者の目でしっかり見つめていれば、市場競争が激しくても、消費者のニーズをピンポイントで満たすことができる。

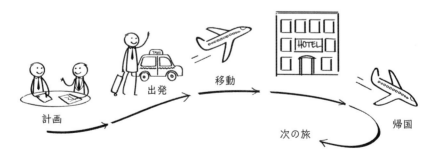

消費者のライフサイクル：
消費者のライフサイクルとは、消費者の活動のこと。そこにはたいてい、複数のサービスが関わっている。たとえば出張や旅行では、移動や宿泊等々のサービスが一体となって消費者の体験を創り出している。

第2章 大枠を理解する

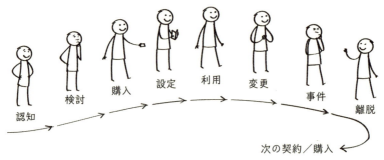

顧客のライフサイクル：
顧客のライフサイクルは、人が顧客になっていく過程を描いたものだ。最初のインタラクションはどのようにして生まれたのか、日々どう使っているのか、どこを変更したのか、何かハプニングは起こったか……。そうしたことは、顧客を獲得し、維持する上で貴重な情報となる。

顧客のライフサイクル

　顧客のライフサイクルは、顧客への価値の届け方を教えてくれるものだ。顧客のライフサイクルを描けば、顧客と組織がどういう段階を踏んで関係を結んでいくかが明らかになり、ビジネスのプロセスと顧客の体験とを連動させられるようになる。

　金銭のからむ決断の場面で、顧客の心をもっともうまくつかむ方法を知りたいなら、顧客のライフサイクルがヒントになる。顧客は何を基準に製品やサービスを購入しているのか。使う金額は増えたのか、減ったのか。それとも買うのを完全にやめてしまったのか。顧客のライフサイクルはそうしたことを教えてくれる。

　顧客のライフサイクルは、認知から離脱へ至る、顧客とビジネスとの関係の全体像も見せてくれる。全体像がしっかり見えれば、顧客の期待を理解し、それを満たす最適な方法を特定することもできる。

　顧客のライフサイクルは、顧客、すなわちお金を払う人間と、商品を使う利用者が異なる場合に威力を発揮する。場面ごとの対象が誰で、どのレベルのサービスを提供すべきかを教えてくれるのだ。家庭用の商品であれば、自家用車や電車の乗車券、保険などは、購入者と利用者が同一人物とは限らない。B2Bの関係であっても、契約を結んだ顧客と、そのサービスを日々の業務で使う利用者はまったく別ということもありえる。

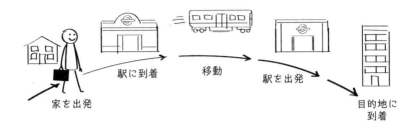

利用者のライフサイクル：
利用者のライフサイクルは、その人物とサービスとの主なインタラクションを示したもの。たとえば、口座の状況の確認や、列車の駅の利用など、日常的な作業や活動がこれに当たる。利用者のライフサイクルでは、日々の作業をこなしていく、あるいは目的地へ辿り着くまでの過程に焦点を当てる。

利用者のライフサイクル

　利用者のライフサイクルは、コストを減らし、効率を高め、商品を使った人間に次の振る舞いをうながす最高のツールになる。サービスと接する利用者のタイプを明確にし、ニーズの満たし方や、問題解決のサポートの仕方の流れを示してくれる。

　利用者のライフサイクルは、ビジネスと接する人間が辿るジャーニーや、インターネットから電話、対面へという、ゴールへ着くまでのチャネルの使い方の変遷を視覚化する。

　利用者のライフサイクルは、アウトサイドインの視点でサービスを刷新、簡素化、改善したいときに絶大な威力を発揮する。利用者のニーズと、システムにできることとのあいだのギャップを浮き彫りにし、それを埋めるのに必要な情報を教える。顧客にまったく価値を提供していないシステムやプロセスを明らかにし、複雑な問題を整理する。そして、本当に利用者のためになる機能や特徴に力を注げるようにしてくれる。

POINT

1　ライフサイクルとは、顧客の振る舞いを理解し、ビジネスにとっての機会を見つけ出す、きわめて強力なツールである。

2　人間のライフサイクルを使えば、市場のギャップを見つけ出し、

イノベーションを起こして新たな価値を提案できる。
3　消費者のライフサイクルを使えば、人の決断の判断基準を理解し、正しい選択の手助けとなるものをデザインできるようになる。
4　顧客のライフサイクルを使えば、契約の場面で最適な体験を提供し、顧客からの評価と愛着を高めることができる。
5　利用者のライフサイクルを使えば、アウトサイドインの視点でサービス提供を捉え、利用者とのインタラクションを簡素化、改善できる。

表舞台と舞台裏の顧客体験

> 顧客が目にする「表舞台」のチャネルと「舞台裏」の内部プロセスを連動させ、体験の簡素化、複雑なプロセスの整理を図る。

　サービスデザインのアプローチを採れば、組織やビジネスの持つ機能と、顧客のニーズ、ウォンツ、体験を連動させる方法がわかってくる。ポイントは、「表舞台」と「舞台裏」の両方を見ることだ。それができると、全体像を視覚的に把握し、顧客の体験に影響している要素をはっきり認識できるようになる。
　表舞台に表れるのは、ビジネスの中でも、顧客が見たり、聞いたり、感じたり触ったりできる部分、すなわち顧客とビジネスとのタッチポイントだ。典型的な例としては、スタッフの振る舞い、ウェブサイト、コールセンター、広告、マーケティング、製品などが挙げられる。
　対して舞台裏に控えるのは、顧客からは見えないが、体験を提供するには欠かせない要素の数々だ。組織構造、あるいやITシステムやルーチンといったビジネスの機能はこちらに含まれる。
　サービスデザインでは、その両方を顧客の視点から探っていく。関係を結んだ顧客は、総体としての表舞台をどう体験しているか。企業がデザイ

表舞台と舞台裏：
表舞台のタッチポイントと舞台裏の組織のマッピングの一例。

ンした内部プロセスやシステムは、顧客にどう影響しているか。その両方を明らかにする。

　アウトサイドインの視点で表舞台と舞台裏をデザインし始めれば、組織の中に整理、簡略化できる部分が驚くほど多いということがわかってくる。

表舞台

　タッチポイントを表舞台にマッピングしていくと、サービスを受ける顧客が目にする景色が見えてくる。カスタマージャーニーの道のりに当てはめれば、さまざまなタッチポイントがいろいろな状況に置かれた顧客の多様なニーズに対応していることがわかる。

　表舞台を眺める最大の利点は、顧客のサービス体験像を社内で共有できることだ。タッチポイントはそれぞれ別の部門が担当している場合が多いので、ある部門のサービスが、別部門のサービスに与える影響を測るのは難しい。しかし、顧客視点で、タッチポイントの働きを相対的に確認できれば、それは縄張り争いや誤解をなくす強力な材料になる。

第 2 章　大枠を理解する

　表舞台の状況がはっきりすれば、その情報を使って、タッチポイントどうしを連携させられるようになる。場面ごとに、どのタッチポイントが顧客にとっていちばん有益で、別のタッチポイントとどういった関係になっているかがわかれば、1つで十分な場所に複数のタッチポイントがダブっているというような無駄をなくせる。たとえば、ある電気通信企業では、販売店、電話、オンラインショップと3つある営業チームが、業務を記録するのにそれぞれ別のシステムを使っていた。そこで1つの共有システムを導入したところ、チャネルをまたいだ営業を行い、適切なタイミングで成約の話を持ちかけられるようになった。

　顧客の多くが抱く不満や、タッチポイント間のサービスの穴も見つけ出せるようになる。サービスに一貫性がないばかりに顧客を失っている地点が正確に割り出せることさえある。価値の高いインタラクションが行えるようタッチポイントを最適化したり、タッチポイントどうしの適切な組み合わせをデザインしたりもできる。そうやってチャネルを効率的に活用できるようになれば、コストのかかるチャネルでは、記憶に残る体験を提供して顧客に結びつきを感じてもらい、低コストのチャネルでは、基本的にセルフサービスで先へ進んでもらうという使い分けもできるようになる。

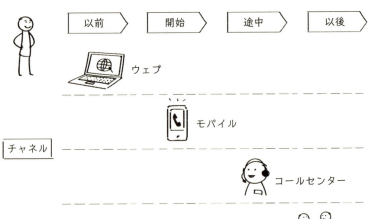

表舞台：
表舞台には、顧客のニーズと体験、そして組織が顧客エンゲージメントを行うためのチャネルとタッチポイントを置く。

こうやって、チャネル間の移行がスムーズなサービスを体系的にデザインできるようになると、費用の削減や収入の増加といった具体的なメリットも生まれ始める。基本的には、ウェブから電話へ移って最終的には商品を購入してもらう、あるいはコールセンターへ誘導して安価なセルフサービスの取引を紹介するというのが理想の流れになるだろう。

　表舞台の状況がわかると、サービスと顧客との出会いの形が見えてくる。そしてタッチポイントどうしを連携させ、顧客に柔軟に対応できるようになる。

舞台裏——組織

　表舞台に目を向ける理由の1つは、組織内の各部門をどう連携させれば、1つの一貫した体験を提供できるかを知るためだ。しかしそれにはまず、舞台裏での部門どうしのつながりを把握し、マッピングしなくてはならない。インタラクションには、組織のどの部分が関わっているのか。どう連携させれば一貫したサービスを提供できるのか。舞台裏には、その実現に必要な情報が隠されている。

　舞台裏の組織プロセスを図式化すると、サービスの過程でどの部門が、

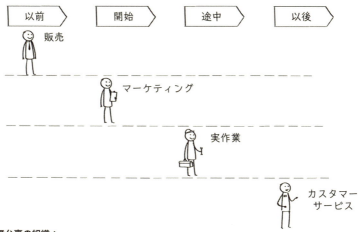

舞台裏の組織：
協力してサービスを提供すべきチーム、部門、課などのこと。

第2章 大枠を理解する

何を顧客に提供しているかが見えてくる。部門どうしをどう連携させるのがいちばん効率的かがわかる。顧客視点を持ち込めば、組織の構造を簡略化することができるのだ。

組織の構造が見えてくると、どの部分がどう変わればサービスの提供の仕方が変わりそうかという、相関関係を分析できるようになる。顧客にとっては小さな改善でも、それを実現するのに内部で予想外の反発があったり、あるいは部門どうしの足並みがまったく揃わなかったりということは珍しくない。特に、顧客体験のリデザインがうまくいかないときなどは、舞台裏の問題点と表舞台の顧客体験の相関性を考えてみると、問題の本質を洗い出し、議論し、解決できるようになるときがある。ここでも、先の電気通信企業の話がわかりやすい。この企業では、新規顧客を獲得した場合、成約を取ったチャネルのスタッフにのみボーナスを支払うシステムを採用していて、これが共有システムの導入を大きく妨げていた。しかし、表舞台と舞台裏の状況を重ね合わせて見た結果、このやり方が顧客に優しくない販売プロセスだとわかり、企業は評価基準を変更し、ほかのチャネルのスタッフにもボーナスを支払う仕組みに切り替えた。

舞台裏の状況が整理できると、組織のさまざまな部門のスタッフが、自分たちが提供すべきものをしっかり認識できるようになる。そして顧客を念頭に置きながら、顧客のためになるものを提供しているという自信を持てるようになる。

舞台裏──ビジネスの機能

舞台裏を眺める利点は、顧客の心をつかむ上で欠かせない、ビジネスの機能が明らかになることだ。舞台裏に目を向けるというのは、言ってみれば、組織のさまざまな機能と、それが顧客体験へ与える影響をマッピングする作業だ。ビジネスの機能には、次の6種類がある。

- **人員**：組織のメンバーは、個人として、集団としてどのように振る舞うか。スタッフの振る舞いを変える必要はあるか。
- **方針**：意思決定の原則は、正しい顧客体験につながっているか。

従業員は方針に従っているか。
- プロセス：組織内のプロセスは顧客のためになっているか。顧客ではなく、組織のためのものになっていないか。
- 基準：基準を導入、維持し、質の高いサービスを一貫して提供する力があるか。
- 実践：組織内の人間が、**実際には**何をしているか。それぞれ勝手に動いていないか。顧客やビジネスに価値をもたらす職務を遂行できているか。
- システム：ITなどのサービス実行のシステムに、変更が必要そうな部分はないか。

簡単にまとめたが、どの側面も実際にはもっと複雑だ。サービスデザインでいちばん大切なのは、顧客とのタッチポイントからビジネスの心臓部の働きまで、さまざまな要素の「つながり」を視覚化することだ。そうやって、表舞台と舞台裏の状況を概観できれば、状況をコントロールしながら、サービスのリデザインや改善を行えるようになる。

舞台裏の機能をマッピングすると、どこがどのくらい顧客に価値を与え

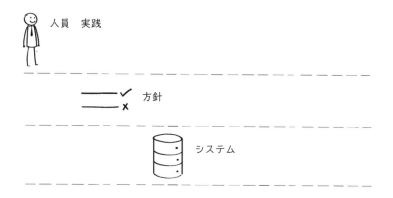

舞台裏の機能：
舞台裏の機能は、実際にはもっと抽象的なもので、一体となってサービスを動かしている。

ているかという順位づけができる。いちばん大きな違いを生み出せる部分を特定し、効率を高めることができるようになる。表のタッチポイントと裏の機能のつながりがはっきり見えてくれば、どれが正しいシステムで、どれが顧客の助けになるかを判断できるようになるのだ。

POINT
1 あらゆるタッチポイントを顧客視点で見れば、縄張り争いや誤解を避けられる。
2 サービスの表舞台を探ると、サービスと顧客との接点が見えてくる。そして、タッチポイントどうしを連携させられるようになる。
3 舞台裏を見ると、内部プロセスが顧客体験にどう影響しているかがわかる。
4 チャネルが1つで十分なときは、無駄な重複をなくすといい。
5 表舞台と舞台裏を重ね合わせて見てみると、状況をコントロールしながらサービスをリデザイン、改善できる。

振る舞い

　動きや構造は、サービスを理解し、デザインするための枠組だが、サービスの現場で起こっていることは、机上の枠組から見えるものよりもはるかに煩雑だ。人間の振る舞いと組織の振る舞いの両方を考えなくてはならない理由はそこにある。
　サービスデザインは、人間と組織の振る舞いを理解し、導くツールになる。それができなければ、顧客に満足のいく体験を提供することは難しい。

顧客の振る舞い──アウトサイドインの視点

　顧客の振る舞いを理解しないことには、顧客と企業、どちらにとってもうれしい結果につながる振る舞いを彼らにしてもらうことはできない。

　顧客への対応は、振る舞いへの対応と同義だ。商品の購入、ブランドへの愛着の維持、あるいは学びや自己啓発。そうしたビジネス目標につながる行動を取ってもらおうと、企業や組織はさまざまな方法で顧客との結びつきを作ろうとする。

　人間の振る舞いは、いつの時代も興味の尽きない大きな謎で、はるか昔から研究が進められてきた。その中で、近年は行動経済学という分野が生まれ、これまでの理解に疑問が呈されている。人間は合理的な生き物であるという見方は否定され、人間が非理論的な行動を取る理由が明らかになり始めている。サービスデザインに関係のある話で言えば、人は遠い未来を見通せない、つまり将来の利益よりも目先の利益を優先しがちだということがわかってきている。

　サービスデザインでは、個々の振る舞いを具体的に把握し、それぞれの理解を深めることで、サービスの質を向上させるというアプローチを採る。そのためにはまず、顧客と組織はまったく別ものであり、動機も目的もまったく異なるという点を自覚しなくてはならない。両者のあいだには綱引きがある。顧客が気にかけるのは日々の生活や仕事だが、ビジネスが行うのは戦略の立案やその実行だ。動機が違えば振る舞いも変わってくるから、両者のあいだに理解の齟齬が生まれるのは必然だ。そこでサービスデザインでは、顧客の振る舞いに対する解釈を、彼らと接する際の組織の振る舞いに反映させることで、両者をすり合わせていくことを目指す。

顧客の振る舞いを左右するアクターと要因

　人間や顧客を完全に理解するには、所属する組織やビジネスから一歩離れた視点で彼らを見つめなくては、彼らの行動を誤解してしまう。消費者や顧客は、サービスが届くのをのんびり待っていると考えている人がいたら、それは間違いだ。消費者も、B2Bの顧客も、人間はみな忙しい。消

第2章 大枠を理解する

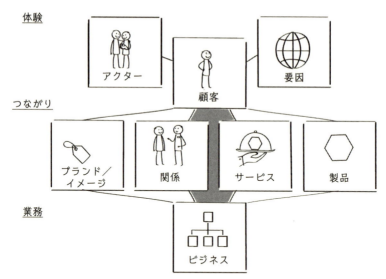

アウトサイドイン：
アクターや要因という、顧客の世界に存在する外的な要素が、どんな体験を提供すべきか、どんなツールを使ってエンゲージメントを実施すべきかを決める、1つの材料となる。

費者は生活で手いっぱいだし、企業人は終わらせなくてはならない仕事のことで頭がいっぱいだ。

　彼らの振る舞いを理解するには、何がそこに影響しているかを理解しなくてはならない。そして、影響しているものは大きく分けて2つある。「アクター」と「要因」だ。

　アクターとは、顧客の世界に存在する人や組織を指す。消費者市場なら家族や友人、従業員、ビジネス向け市場ならサプライヤーやパートナー、資金や資材の貸し主が考えられるだろう。アクターは、顧客の生活と深く関わっている。たとえば、新しく生まれた赤ん坊は、両親の振る舞いを左右するアクターの1人と言える。子どもが生まれたとたん、両親は忙しくなり、優先するものや、安全や娯楽に対する姿勢も変わってくる。ビジネスの世界で言えば、意思決定や行動に強い影響力を持つ銀行などは重要なアクターと言える。

　一方で要因とは、顧客に影響する要素の中でも、もう少し抽象的なもの

を指す。流行や加齢、法律、さらには天気。人間の行動に影響を及ぼす以上、サービスデザインでは、場合によってはこうしたものも考慮の対象にしなくてはならない。わかりやすい例が、街の混雑具合だろう。街がどれだけ混み合っているかは、旅行の時期や手段を決める要因となる。政策もよくある要因の1つだ。人間も企業も、法律や規制に従う義務があるからだ。

顧客の身になって考え、振る舞いの裏にある原理を理解するには、こうしたアクターや要因を探り出すことが大切になる。

ライフサイクルの段階と振る舞い

アクターや要因が見つかれば、顧客の行動と、特定のサービスや部門との関係の真実に一歩近づく。これまで書いたように、顧客はライフサイクルの影響を受ける。ライフサイクルのどの段階にいるかによって、サービスへのニーズや関心が高まる時期もあれば、必要性が下がる時期もある。ある契約を結んで問題を解決したいというニーズが高まったかと思えば、時間が経つと関心は別のことへ移ることもある。

おもしろいことに、そうした顧客の関心やニーズと、ビジネスが行うエンゲージメントとのあいだには、たびたびミスマッチが存在する。顧客のニーズが高まっているのに、ビジネスがそこを重視していないということがよくあるのだ。わかりやすいのが、検討、設定、変更という3つの局面だ。こうした場面では、顧客の側に正しい方向へ導いてほしいというニーズがあっても、ビジネスの側にそれに応じる動機が薄いことが多い。設定はその典型だ。この場面で、ビジネスの側はこう思っている。「成約を取りつけて新規顧客を獲得した。早く次の見込み客に移ろう」と。顧客の側は、新しいサービスを理解しきれず、生活に馴染ませることができていない段階で放置される。結果、サービスの使い方を誤り、わからないから助けてほしいと思う。悪くすれば、一度試しただけで「今回の買いものは失敗だった」と思ってしまう。こうした振る舞いも、ライフサイクルを使えばきちんと理解できる。

第2章　大枠を理解する

体験の影響と振る舞い

　顧客を取り巻く世界から、ライフサイクル、実際の体験へと目を移していくと、顧客の振る舞いの別の側面が見えてくる。各企業がいちばん注目し、対策を取っている側面、そう、体験への反応という振る舞いだ。人は環境に反応して行動する。苛立ちを覚えれば、不満を言ったり、別の選択肢を探したりする。タスクを完了できなければあきらめる。規則が厳しすぎれば、その裏をかこうとする。

　顧客エンゲージメントを実行し、彼らのサービス体験を理解できるようになると、やがて顧客の行動原理が見えてくる。重要なのは、行動原理がわかれば、顧客とのつながりをさらに深める手段や、彼らに望みの行動（顧客とビジネス双方のためになる行動）を取ってもらうための手段もわかってくるという点だ。その点で、サービスデザインはほかのアプローチと一線を画す。サービスデザインでは、そそのかしたり、強要したりするのではなく、何かを可能にすることを目指す。そうやって目標やタスク達成をサポートするやり方のほうが、長期的、継続的な便益は大きい。

> POINT
> 1　顧客の振る舞いを左右する、アクターと要因を探り出そう。
> 2　ライフサイクルの各段階が、顧客のニーズに与える影響に目を向けよう。
> 3　顧客の個々の体験を深く探り、行動の裏にある理由を知ろう。

ビジネスの振る舞い——インサイドアウトの視点

> ビジネスや組織と顧客とのあいだには、綱引きがある。ビジネスの顧客に対する振る舞いを理解するには、その綱引きの力学を理解しなくてはならない。

　力学は3つある。1つめが動機の綱引き。ビジネスの目標と顧客の目標

は一致するとは限らないから、動機が異なるのは自然かつ健全なことだ。2つめが規模と効率の綱引き。ビジネスは規模の拡大を、サービスは顧客数の拡大を目指す以上、当然、サービスのプロセスは標準化や効率化へ向かう。対して顧客は個々の人間で、それぞれ固有のニーズを持っている。3つめが内と外の綱引き。スタッフは組織という世界、つまり同僚との関係や上下関係、組織構造などが何より重視される場所に生きているが、顧客にとって、それはまったくどうでもいい話だ。この3つが、組織の振る舞い、そして顧客が体験する振る舞いに多大な影響を与える。

動機の綱引きとは、言ってみれば、ビジネスは自らの利益になる行動を取るが、顧客はそれに疑いの目を向けているということだ。これは民間・公共の両部門に当てはまる。

規模と効率の綱引きとは、ビジネスは顧客を大衆として扱い、大衆の要求を満たすためのエンゲージメントをデザインしがちだという意味だ。そして顧客はそういう扱いを受けると、その企業を非人間的で機械的だとみなす。

最後の内と外の綱引きが発生すると、顧客はおかしな体験を強いられる。部署間をたらい回しにされ、チャネルの移行がうまくいかない中で、思いがけず組織の構造を目にすることになるのだ。サービスの流れが、カスタマージャーニーではなく組織構造に沿っていると、こういうことが起こってしまう。

ビジネスの振る舞いが顧客体験に与える影響を理解するには、この3つの綱引きを知る必要がある。また、顧客エンゲージメントと顧客の振る舞いの関係性に着目することも忘れてはならない。

製品由来の振る舞い

ビジネスの振る舞いを左右する重要な要素で、サービスとの関係が特に深いのが製品だ。近代社会においては、製品という工業的な概念が、ビジネスの構造や中身、振る舞いを決めてきたと言っていい。製品中心の考え方、つまり「製品思考」では、何よりもまず、製品をできる限り効率よく製造、販売することが重視される。この傾向は、製造業だけでなく、不動

第 2 章　大枠を理解する

産ローンやガスのような、無形商品を扱うサービス企業にもみられる。

　製品思考では、モノがほしいという顧客のニーズを、制御しやすい明快なモノを使って満たすことを目指す。自然、製品以外の周辺ニーズ、たとえば理解のニーズや選択のニーズ、不要品の廃棄ニーズはないがしろにされがちになる。

　製品思考が生み出す振る舞いは、製品以外のサービスをおろそかにし、機会を逃す結果を招く。製品の宣伝はさかんでも、選び方や設置方法の情報はまるで示されず、ライフサイクルから生じる顧客のニーズが満たされないのは、この考え方に原因がある。

ブランド由来の振る舞い

　製品と同じように、ブランドもまた、顧客エンゲージメントの一大ツールであり、ビジネスの振る舞いを左右する要素でもある。ブランドには、組織が持つ価値を顧客に伝え、期待や約束を生む力がある。ブランドは組織の顔であり、その見え方によって、組織の振る舞いに対する顧客の期待も変わってくる。親しみやすいブランドもあれば、安心感を与える格調高いブランドもある。

　ブランドの中には、顧客の心を占有するような、驚異的な力を持つものもある。そうした企業では、製品やサービスの基本的な振る舞いが、ブランドによって決まってくることがある。ところがブランドの限界は、実はその強力さにある。ブランドは企業そのもの、つまり総体や全体だ。そのため、個々の人間が行うインタラクションという、細かな部分に目が行かなくなってしまうのである。

サービス由来の振る舞い

　もちろん、サービスも理解しなくてはならない。認知から購入や加入、準備、利用、そして再検討や変更へ至る顧客のライフサイクルの中で、組織はどう顧客とインタラクションするべきなのか……。製品やブランドの振る舞いとは違って、目標到達を目指す顧客をサポートするのがサービスの役割だ。顧客が何らかの結果を手に入れることに重点を置くという点

で、サービスの振る舞いは、製品やブランドの振る舞いとは性質が異なる。

> POINT
> 1　ビジネスの振る舞いを左右する、顧客と組織との綱引きを理解しよう。
> 2　顧客エンゲージメントの装置として、製品、ブランド、サービスがあること、またそれらが別種のものであり、そこから生まれるビジネスの振る舞いも異なっていることを理解しよう。

枠組が浮き彫りにする課題

基本を3つの課題に応用する

次からの3つの章では、それぞれ1つずつビジネス課題を取り上げ、サービスデザインのアプローチを使ってその課題に対処する方法を解説していく。扱う課題は、**顧客のストーリー、ビジネスインパクト、組織課題**の3つだ。

各章では、まず状況を説明し、課題を明確にする。そして課題ごとに、それに対処するためのサービスデザインのアプローチを解説する。この章でいろいろな概念を紹介してきたのは、それが各アプローチの解説に欠かせないからだ。

3つの課題を解決するアプローチでは、**動き、構造、振る舞い**の3つの枠組を使う。顧客のストーリーやビジネスインパクトといった課題を、カスタマージャーニーやライフサイクルという**動き**に当てはめて考えていく。話をわかりやすくするために、**以前、開始、途中、以後**というストーリーの構造や、**認知、検討、購入、設定**という汎用的なライフサイクルも活用することになる。後者はカスタマージャーニーで言えば**以前**と**開始**に当たる。

第2章　大枠を理解する

　各アプローチで使う**構造**は、課題ごとに大きく異なる。構造とは、**動き**の中にマッピングする顧客やビジネス、組織の活動だ。たとえば**顧客のストーリー**という課題であれば、構造は、顧客体験と顧客エンゲージメント活動を理解した上で、それをマッピングしたものを指す。**ビジネスインパクト**なら、構造は、ビジネスにとってのベネフィットや成果、目標のようなものになる。**組織課題**なら、構造は組織の機能や能力など、組織のさまざまな面を表したものになる。

　そして、この2つの枠組の中に描かれるのが、そこで発生する振る舞いだ。振る舞いの主体は、顧客の場合もあれば、ビジネスや組織の場合もある。振る舞いは、わかりやすさを重視して、簡略化して示すことにする。

　補助アプローチや実例について詳しく知りたい場合は、www.liveworkstudio.com/SDforB へアクセスしていただきたい。

課題の枠組：
どの課題でも、動き、構造、振る舞いの3つを枠組として使い、サービスデザインの課題への対処法を示していく。

第3章

顧客のストーリーを描き出す

**顧客理解を深め、顧客由来のサービス改善や
サービスイノベーションを実現する**

　顧客はみな、物語を持っている。人生の物語に仕事の物語、遊びの物語、旅の物語。物語には紆余曲折があって、それが人生の経験を織り成している。バス通勤、病院の利用、休暇中の保険の請求といったサービスも、顧客のストーリー、つまり体験の一部だ。

　顧客のストーリーは、ビジネス、さらには顧客体験やサービスデザインといった複雑な世界にも切り込む。顧客のストーリーでは、暮らしや仕事

第3章　顧客のストーリーを描き出す

を快適にする人やもの、つまり価値を加えるものが大きな意味を持つ。

　顧客のストーリーが理解できれば、サービス提供者が、顧客にサービス提供者の組織との経験についてどんなストーリーを語ってほしいかもわかってくる。顧客は前向きなストーリーを語るだろうか。その組織をほかの誰かに勧めるだろうか。それとも不満を言うだろうか。

　サービスデザインではまず、顧客のストーリーを理解、捕捉し、体験を解釈する。そして、今よりも良いサービスを盛り込んだ新しいストーリーを描き出す。

　第3章では、この2つの側面に焦点を当てながら、サービスの改善やイノベーションの実践に活用できる手法を紹介していく。具体的には、まず**卓越した顧客体験**の提供と、そのためのアプローチについて解説し、次に顧客の**不満**や**失敗**への対処の仕方と、その影響を見ていく。続けて、**顧客エンゲージメント**（P.31参照）**を実行する**方法を紹介し、そして最後に、新しいサービス提案の**イノベーション**という難題に取り組む。

土台を建て直し、卓越した顧客体験を創り出す

　顧客体験こそが、ビジネスの浮き沈みを左右する要素だ。そのことを、多くの組織が認識し始めている。競争の激しい市場では、質の低い体験をさせたが最後、顧客はあっという間に去っていく。政府の中にも、優れた「顧客」体験が、効果的かつ効率的な公共サービスに欠かせないという認識が広まっている。それでも多くの組織が、卓越した顧客体験の重要性をわかっていながら、その提供の仕方を把握できずにいる。

　顧客体験の改善では、顧客調査から顧客の声というフィードバックを回収したり、顧客推奨度数（ネットプロモータースコア）のような指標を使って改善点を見つけ出したりといった手段が一般的だ。しかしサービスデザインでは、単に顧客からのフィードバックを回収するだけでなく、顧客体験を俯瞰視点で眺める。体験の中身、あるいは製品の検討や購入、組織とのインタラクション（P.28参

照)、他社製品への切り替えといった体験のタイミングに着目し、別の角度から解決策を探る。その状況で顧客を動かしているのはどんな動機か。顧客はどういう経緯で選択を行ったのか。何がその選択に影響したのか。そうしたインサイトこそが、顧客体験、さらには業績の改善の土台になる。

▼ 知っておこう

- 企業の多くは、顧客体験の改善戦略の立て方がわからず、業績になんら影響しない「奇跡の瞬間」を創り出すだけで満足してしまう。大事なのは土台固めだ。土台が崩れていたら、顧客は奇跡に気づかない。奇跡の瞬間は確かにある。そして、最高の瞬間を創り出すのにコストはほとんどかからない。

- 体験を改善したいとき、企業は**商品**の刷新に走りがちだ。組織改革にはほとんど目を向けない。しかし実は、商品そのものよりも、どう売り出し、どう提供するかという**提示の仕方**のほうが、業績に与える影響は大きい。アウトサイドインの視点を持ち込み、契約書や請求書の専門用語を書き換えるといったシンプルな変更ひとつで、顧客との主要なタッチポイント(P.46参照)のわかりやすさや使い勝手はグッと増す。

- 卓越した顧客体験は、コスト管理の面から言えばリスク、つまり贅沢だとみられがちだが、サービスデザインでは、顧客体験と業績を連動させ、どちらかが改善すればもう一方も併せて改善するという形を目指す。優れた体験とは、コストを押し下げつつ、収益を増やすものでなくてはならない。

▽ この項のねらい

- 顧客体験に関するインサイトの整理の仕方を学ぶ。
- 本物のアウトサイドインの視点を理解する。
- 体験改善の体系的なアプローチを構築する。

第3章　顧客のストーリーを描き出す

卓越した顧客体験

　卓越した顧客体験とは何か。この概念を表す言葉として思い浮かぶのは、簡単、スムーズ、流れるような、痛くない、楽ちん、使いやすいといった形容詞だろう。一方で、耳にする機会は少ないが重要なものとして、うれしい、驚くような、楽しい、意義深い、信じられないといった言葉もある。本書では、この2つの側面を顧客体験の基盤に据える。そして、基盤を建て直しつつ特別な何か（奇跡の瞬間）を提示するという形で、卓越した体験の提供を目指す。片方が良くてもう一方がダメでは意味がない。顧客は、良い体験よりも悪い体験をよく覚えているものだからだ。

　多数の顧客を抱えるサービス、たとえば銀行サービスなどは、常に厳格な規則の下で実行されている。こうしたサービスでは、顧客の悪意のない行為に罰則が科されることがある。たとえば、複数の口座を持っている預金者が、たくさんお金の入っているほうではなく、少ないほうから誤って過振りをして、不渡りを出してしまったとする。こうした場面で顧客が感じるストレスやフラストレーションはすさまじく、それを粗品や特別待遇だけで埋め合わせるのは難しい。そこで銀行が、他意はなかったとして処罰を免除すれば、それは卓越した対応と言えるだろう。

　卓越した顧客体験が一筋縄ではいかないのには、いくつか理由がある。顧客体験が新しいスキル、知識、アプローチを要する新しい分野だということや、本物の卓越した顧客体験の提供には、組織のすべてを別の視点から見直す必要があるということなどだ。「インサイドアウトではなくアウトサイドインの顧客視点を持つ」と口で言うのは簡単だが、昔ながらの内向きの組織がそれを徹底するには、抜本的かつ大規模な組織改革が必要になる。

　それでも、卓越した顧客体験は、さまざまな重要業績評価指標（KPI）を改善する。**提供費用**は下がり、**顧客獲得率**や**維持率**は上がる。障壁（不満点）を取り除けば購入が楽になり、障害をなくせば他社に切り替えようかという迷いも消える。顧客が心待ちにしているタイミングで奇跡の瞬間（喜び）を演出し、前向きな体験を創り出せれば、顧客が友人や家族にサ

ービスを勧める可能性も高まる。こうした口コミは、サービスにとって計り知れない価値を持つ。

アウトサイドインの視点で組織を理解する

　卓越した体験の提供を妨げる**不満**、あるいは忘れられない**喜び**を理解するために大切なのは、顧客第一の姿勢を保つことだ。顧客の目標を理解し、そこへ導く方法を考える。それが最高の体験を提供するカギとなる。

　サービスや組織を外から見つめるには、ビジネス目標をめぐる雑音を遮断して、顧客は何をしたいかという顧客の声に耳を傾けなくてはならない。組織にとっておもしろくない事実が見つかることもあるだろう。「思っていたほど顧客は我が社を重要視していない。われわれはどうでもいい存在だった」といった声や、「なんてこった、製品の購入のようなごくシンプルなタスクの達成に、こんなにも煩雑な手順を強いていたなんて」といった声が調査チームから上がるかもしれない。しかし、顧客が価値を置くものを見つけ出すには、まず、こうした事実に目を向けなくてはならない。そうした情報が、何が顧客に不満を与え、喜びをもたらしているかという貴重なインサイトの発見につながるのだ。

　アウトサイドインの視点を採用すると、顧客体験に関するインサイトが幅広く集まってくる。数値データに、シャドーイング（調査対象者の行動と経験を観察する調査方法）やデプスインタビュー（調査対象者とインタビュアーが、1対1でじっくりと向き合って対話しながら進める調査方法）といった定性調査の結果などだ。大切なのは、ビジネスのプロセスに沿った視点ではなく、顧客の視点で情報を整理することだ。そのためには、顧客の行動やニーズを段階的に明らかにしていかなくてはならない。たとえば、何かを購入するというごくシンプルな体験では、まず顧客が製品を**認知**しなければ始まらない。次に、顧客は製品の情報やベネフィットを**理解**する必要がある。そして、本当に必要かどうかを**検討**したのち、ようやく**購入**に至る。こうしたタスクをこなしていかない限り、顧客は前に進めず、販売も成立しない。逆に言えば、購入までの各段階で顧客が抱えてい

第3章 顧客のストーリーを描き出す

るニーズに目を向ければ、考え方の構造が変わり、販売プロセスの改善をデザインできるようになる。何が最善かは製品によって異なる。**検討**にじっくり時間をかけるべき製品もあるだろう。複雑な機械製品の販売では、どの製品がベストかという顧客の**検討**過程を十分にサポートできなかったばかりに、購入へ至らないということも多い。

　顧客が達成**すべき**目標という観点から、顧客の体験を1つ1つ組み立てていけば、購入だけに限らない、体験のあらゆる側面をカバーできる。サービスデザインでは、提供、苦情、継続といった過程も、同じように構造的に見ていく。もちろん、顧客の視点で、顧客の立場になってだ。

　こうしたインサイトの獲得は、一見簡単なようで、巨大な組織では驚くほど難しい場合がある。顧客の組織とのインタラクションをつぶさに見つめていると、今まで見えていなかった部分が見えてくる。構造化インタビュー（事前に用意した質問に沿って構造的に対話しながら進める調査方法）のような調査法を実施して、顧客の体験を聞き、ストーリーを捉えると、日々のインタラクションでは得られなかったインサイトが手に入る。こうした調査法では、組織はひたすら聞き手に回り、業務とは関係ない顧客の生活についても話を伺わなくてはならない。話していいのは、質問を投げかけて相手をうながすときだけだ。ビジネスに関係のある話だけを聞きたいという誘惑を抑え、これを徹底するのは案外難しいし、聞いているうちに耳の痛い事実が飛び出すこともある。

　それでも、そうした事実を明らかにし、**顧客のストーリー**を活用すれば、顧客体験を理解できる。顧客体験を理解できれば、アイデア創出から選択肢の検討、解決策の考案といったプロセスを論理的に進められる。ストーリーボードやビジュアルマップ、プロトタイプといった視覚ツールを活用して、サービス提供者と受容者とのインタラクションをいっそう具体的に捉えられる。何より、サービスのテストや検討、改善が行える。

体験を理解する方法

1）顧客のスムーズな流れを作り出す

顧客はサービスの各段階を移動して、達成目標に近づいていく。動きはコーヒーや地下鉄の切符を買うといった小さな行動かもしれないし、病気の治療といったもう少し大きな行動かもしれない。いずれにせよ、顧客は前に進む。もっと言えば障害や障壁をなるべく減らして「流れる」必要がある。それには動機、つまり目標の達成へ顧客を突き動かす**モチベーション**と、ジャーニーに立ち塞がる**ハードル**の2つを考えなくてはならない。ハードルの高さがモチベーションの強さを上回っていると、顧客は目標到達をあきらめるか、目標達成に失敗してしまう。

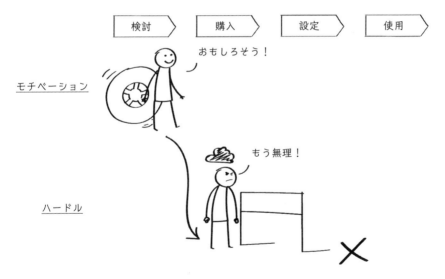

モチベーションとハードル：
上の図は、顧客がサービスを移動する中で現れるモチベーションとハードルを、サービスの各段階にマッピングしたもの。抽象的な図ではあるが、購入を目指す体験の中で、動機はいとも簡単に消滅するということがわかる。

第3章 顧客のストーリーを描き出す

2) 顧客の流れを業績アップにつなげる

見返りがないとわかっていて、顧客体験にリソースを注ぐ企業はない。しかしありがたいことに、顧客に卓越した体験を提供する機会をマッピングしていけば、ビジネスにとってのベネフィットが生じる場所、つまり顧客の目標到達がもたらす恩恵も、体験に直接マッピングできるようになる。体験の流れのスムーズ化は、ビジネスにとっても利点があるのだ。

機会と恩恵：
先ほどと同じ枠組を使って、改善機会とビジネスにとっての恩恵をマッピングできる。

卓越した体験の実例

保険はすすんでお金を払いたくなる商品ではない。法律で義務づけられ、しぶしぶお金を払う商品だ。それゆえ、保険の卓越した顧客体験をデザインするのは簡単ではない。保険会社が、前向きな体験を提供して顧客との結びつきを強めたり、愛着を獲得したりする手段は多くない。逆に言えば、だからこそ保険会社は、顧客とのインタラクションに全力を傾けなくてはならない。

そうした顧客体験の重要性に気づいた保険会社があった。この会社は、顧客の基本的な体験に目を向けることで、体験改善の手段を見つけていった。購入手順を簡潔にする、あるいはプランをわかりやすく説明する、あるいは簡単にプランを変更できるようにする……。そうやって、さまざまな問題を解決して顧客の不満を取り除くことで、着実に顧客満足度の全国ランキングを上っていった。50位圏外から上位10位に食い込み、高級車やバカンスといった望まれる商品と肩を並べるまでになった。会社が卓越した顧客体験の提供を目指したのは、満足度の高い顧客ほど、たくさんお金を落としてくれることがわかったからだった。

そうした基盤の矯正に加えて、彼らは奇跡の瞬間の演出にも力を注いだ。保険の世界の勝負どころと言えば、請求の瞬間をおいてほかにない。その保険会社は、実際に請求を行った顧客から話を聞き、アウトサイドインの視点で顧客の行程を理解していった。わかったのは、請求体験の根本には、取引のニーズだけでなく、極めて感情的なニーズがあるということだった。盗難や紛失の被害に、とりわけ国外で被害に遭った顧客は、強いストレスを感じていたのだ。

たとえば、海外旅行先で事故に遭い、現地の病院にかかり、帰国を強いられた家族。これは一家にとっては一大事だが、診療や帰国の手配をしたスタッフ、あるいは電話で対応したスタッフにとってはよくある業務の1つにすぎない。それでも会社は、手配や電話対応といった体験を再考し、見直し、スタッフが顧客の話を親身になって聞くようにした。そして、ニーズが満たされるまでの時間を短縮しつつ、顧客とのつながりを深め、人生のパートナーとするに足る会社だという信頼を獲得した。見直し後の請求プロセスを体験したある顧客は、こんな台詞まで口にしたという。「この会社になら、いくら払っても惜しくない！」

この保険会社は、顧客を喜ばせる機会を見つけ出し、感情が昂ぶっている顧客に真摯に対応することで、卓越した体験を創り出した。顧客とこのレベルのつながりを作る機会がめったに訪れない業界にあって、これは計り知れない価値を持つ。

第3章　顧客のストーリーを描き出す

> POINT
>
> 1　卓越した体験は、90パーセントの優れた基盤と、10パーセントの奇跡の瞬間から成る。
> 2　基盤の矯正は、獲得率や維持率といった業績に影響する。
> 3　奇跡の瞬間は、評価や口コミに影響する。
> 4　事実に目を向け、**顧客のストーリー**を明らかにすれば、顧客体験が見えてくる。体験が見えれば、アイデア創出や検討、解決策の考案というその後のプロセスを論理的に進められるようになる。

顧客の不満や失敗を防ぐ

　誰かにサービスと顧客体験について尋ねれば、その口からは、まず間違いなく愚痴がこぼれる。金融サービス、電話、水道やガス、病院、税務署、なんでもいい。場所や地域にかかわらず、今の顧客はがまんする気がない。それは、顧客や個人の権利が拡大したからでもあり、優れた見本を示す企業が現れたからでも、テクノロジーによって顧客の選択肢が増えた

からでもある。

　サービスデザインのアプローチは、多くの場合、ビジネスが気づいていない（そもそも訊かないからわからない）不満をアウトサイドインの視点で見つけ出すことから始まる。そして、多数の顧客が同じ不満のストーリーを語ったら、その解決手段を明らかにする。

▼ 知っておこう
- 1つ1つの不満が小さく、取るに足らないものに思えても、放置してはいけない。**足し算**の法則が働くからだ。個々の不満が問題のたった1パーセントだとしても、20個の不満を解消すれば、それは20パーセントの改善という大きな成果になる。
- 不満の解消は、やっていて楽しい仕事ではない。ゆえに、理想に走った戦略を打ち出している企業ほど、この問題を軽視しがちになる。その場合は動画などを使って、痛みを訴える顧客の声を上層部に届けるといい。そうすれば、顧客の不満を実感し、地に足のついた戦略に切り替えることもできるだろう。

▽ この項のねらい
- 不満や失敗を見つけ出し、解決する方法を学ぶ。
- 不満がさまざまな感情の複雑な集合であることを理解する。
- 解決の優先順位のつけ方と、成果の検証の仕方を知る。

顧客の不満と失敗

　長く待たされたり、繰り返しを強いられたり、ウェブサイトや機械の使い方が難しくて助けを求めなければならなかったりすると、人は不満を感じる。そして彼らが文句を言い、助けを求め、間違いの修正を要求し、友人や同僚に愚痴を言う過程のどこかで、組織にとっての余分なコストが発生する。そうなれば無駄な仕事が増え、評価に傷がつく。失敗はもっと深

刻だ。失敗とは、ニーズを満たすタスクを顧客が終えられない、または終える方法がわからない状態だ。探していたものを買えない、お金を払ったサービスを受けられない、もっと重大なものでは、必要不可欠なメンテナンスやケア、アドバイスが手に入らない。失敗は顧客の足を遠のかせ、場合によっては生活に重大な悪影響を及ぼす。こうした事態の対処法、回避策を知るには、まずは顧客視点で不満や失敗を理解する必要がある。

　わかりやすい例が、高級ホテルだろう。高級ホテルでは、料金の大部分がサービスの質による。だから従業員は、非の打ちどころのない接客やお洒落なバーといった上質なサービスの提供に力を注ぐ。ところがそんなホテルで、たまたま朝の5時にチェックインした宿泊客が、多額の**早朝チェックイン**料金を請求されたら、どう感じるだろうか。おそらくしぶしぶ料金は払うだろうが、その体験は滞在中ずっと心に暗い影を落とすだろう。

　小さな不満か、大きな失敗かにかかわらず、顧客がらみの問題は業績に大きく影響する。小さな不満が顧客の苦情や提供コストの増加を引き起こせば、ブランドイメージや顧客ベース（P.52参照）に傷がつく。重大な失敗なら、顧客の獲得率や維持率が落ち込む。企業の評価やブランドイメージが失墜することもあるかもしれない。

顧客の不満を理解し、体系的に取り除く方法

　ビジネスは、顧客の不満や失敗を見過ごしがちだ。スタッフはたいてい、自らの業務で頭がいっぱいで、顧客の立場など思いも寄らない。イギリスのとある公共事業などは、苦情が殺到するまで原因の調査を始めず、無数の顧客を苛つかせてはじめて、顧客とのつながり作りの失敗に気づく始末だった。

　苦情は、顧客の不満を理解する格好の出発点になるが、わざわざ電話番号を見つけ、電話をかけてくるような人がそう多くないことを考えれば、あくまで氷山の一角だ。大まかに言えば、苦情は顧客の解決したい問題だ。対して不満は、購入や関係の継続をやめる理由で、表には出にくい。不満や失敗という目の届きづらい、しかし貴重なインサイトを手に入れる

には、別の情報源を探す必要がある。

　スタッフは、そうしたインサイトの宝庫だ。巨大組織の多くは、従業員の知識や経験という金の鉱脈を掘り起こせていない。対面で、電話で、メールで、日々顧客と直に触れ合う従業員は、言ってみれば顧客の不満と失敗の内部データベースだ。中には「難しい」顧客との付き合いという痛みを訴えるスタッフもいるかもしれないが、そこには痛みが表れた場所の情報が隠されている。スタッフの不満と顧客の不満に相関性がある点も見逃せない。従業員は顧客の生の不満のはけ口になりがちだし、従業員自身が顧客を助ける仕事をしたいと思っていても、組織のシステムやプロセスがそれを許さないときがある。「システム上、取り扱えません」といった現象などはその典型だろう。組織のシステムのせいで、スタッフが顧客をサポートできない状態では、どちらも不満を抱えて当然だ。

　不満を抱えて去っていく顧客も、無数のインサイトをあとに残していく。意識してその企業との関係を断つと決めたのであれば、不満や失敗を具体的に意識しているはずだ。そんなときは、顧客が去っていく、去っていった理由を記録すれば、これもまた貴重な情報源になる。

　顧客の不満を深く理解したいなら、「顧客の靴を履いて歩く」、つまり顧客の身になって考える姿勢が欠かせない。具体的な状況を設定し、顧客の行動を追体験する。あるいは、さまざまなタッチポイントでのインタラクションを観察する。こうしたアプローチに、実地調査（足を使った調査）や電話やインターネットといったテクノロジーを使った調査を組み合わせてもいい。いずれにせよ、シャドーイングは顧客がいつ、どこで不満を抱いているかという具体情報を教えてくれる。実地調査からは、失敗が生じた**理由**、問題の本質、そして解決の難易度がわかる。顧客と直に話すことも重要だ。話せば、顧客が何を感じているかを、顧客の言葉で理解できる。つまるところ、不満とは感情だ。だから、重要な要素なのに定量的な手法や調査ではこぼれてしまう。

　こうした情報源は、顧客のライフサイクルという枠組に当てはめると、さらに大きな力を発揮する。不満や失敗を顧客のライフサイクルの各局面、つまり目標到達の過程にマッピングしていくと、インサイトに構造が

生まれる。そして、解決の優先順位をつけ、不満と原因とを線で結べるようになる。

不満の影響をマッピングし、評価する方法

1) **不満と失敗をマッピングする**

　顧客体験のライフサイクルへのマッピングは、言ってみれば、集めたインサイトの整理だ。整理ができれば、由来の異なるインサイトの関連性を明らかにし、深刻度を評価できるようになる。体験のマッピングの仕方はさまざまだ。各段階での顧客の感情を書き込むという方法もあれば、不満がピークに達する地点を特定するという方法もある。大切なのは、これから紹介するような、すべてのインサイトを貫く共通の属性に沿って整理することだ。

- 行動：顧客は何をしているか。
- タスク：顧客がすべきことは何か。そして、それを見つけるのはどのくらい難しいか。
- 思考：顧客は何を考えているか。不満を自覚しているか、それとも無意識か。
- 感情：顧客は何を感じているか。強いストレスを感じているか、それとも状況をコントロールできて落ち着いているか。

　こうした情報をライフサイクルにマッピングしていくと、どこに問題があるかという構図が見えてくる。位置がわかれば、外科的なアプローチで問題を解決できるようになる。

2) **不満を評価し、解決の優先順位をつける**

　不満や失敗のマッピングが済めば、それを評価し、優先順位をつけられるようになる。それには、評価基準を作成して点数をつけるといい。不満の強さや失敗体験の規模を測定して、カスタマーペイン

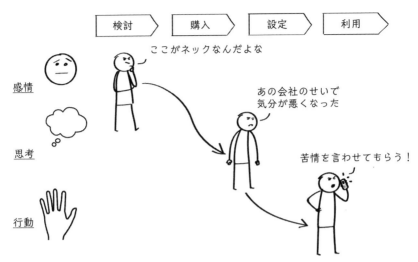

感情、思考、行動の枠組：
ライフサイクルの枠組を使い、各段階にそこで発生する顧客の不満をマッピングしたもの。顧客に関するインサイトが、各地点での感情、思考、行動という属性に落とし込まれている。

(P.24参照) の度合いを測るわけだ。それが終わったら、そこに解決に要するコスト、ビジネスにとっての解決のベネフィットという要素を加味して、優先順位をつける。

不満解決の具体例

ヨーロッパのとある鉄道会社は、顧客満足度が低いという課題を抱えていた。それを株主に釈明せねばならず、メディアから酷評されていた。

そこで、ライブワーク社の小さなサービスデザインチームが解決に乗り出したところ、会社がさまざまな形で、それも多くが目に見えない形で、顧客の不満や失敗を招いていることがわかった。チームは調査を実施し、驚きの結果を回収した。

チームは、大規模な顧客調査や、自分たちの過去の鉄道利用体験の記憶に頼るのではなく、顧客になりきって、旅の全行程を辿ってみた。家から目的地まで、つまり出発駅から目的駅へ移動するという段階の**以前**と**以後**

第3章　顧客のストーリーを描き出す

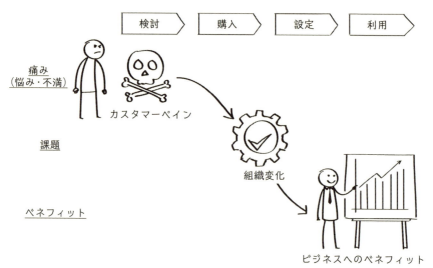

カスタマーペインと課題、ベネフィット：
先ほどの図が、顧客が抱いている不満の本質的理解だったとすれば、こちらはその同じ不満を（上から）、カスタマーペインの強さ、不満解消の難易度、解消が生むビジネスへのベネフィットの面から評価したものになる。

も含めてだ。具体的には、機械や窓口で乗車券を購入し、駅へ辿り着き、列車に乗り、そして別の移動手段へ移っていく過程を、（本人の了承を得た上で）乗客のすぐそばで観察した。

　こうしたシャドーイングと観察から、チームは重要なインサイトを獲得し、顧客がタイプごとにどんな不満や失敗を抱えているかを割り出した。たとえば、乗客が機械で切符を購入する様子を見ていると、問題は混乱にあることがわかった。機械の説明が意味不明で、乗客は自分がどんな券を買おうとしているかすらわからない状態に陥っていたのだ。3種類ある自動販売機のうち、1つはどうやってもユースカード（若者向けのお得な旅行カード）の購入ができないほどだった。そのほかにも、年配の利用者にとっては表示や出口の看板が読みにくいなど、浮き彫りになった課題は100以上にのぼった。

　その後チームは、カスタマーペイン、解決のためのコストと労力、ビジネス価値という3つの基準を使って問題点を評価し、解決策に点数をつけ

て、優先順位を定めた。それを活用して、系統的な問題の解決を進めていった。そして、すぐに成果を挙げながら前進し、顧客体験のコントロールできる部分を増やしていった。不満の中には、すぐに検証して解決できたものもあるし、まだ残っているものもあるが、それでも会社は、顧客に寄り添うことを覚えたのだった。

POINT

1 企業は自分たちの業務で頭がいっぱいで、顧客の立場を忘れがちである。
2 不満と失敗は、スタッフ、元顧客、そして直接の観察から特定できる。
3 不満や失敗を顧客のライフサイクルの各段階にマッピングしていくと、インサイトに構造が生まれ、解決の優先順位をつけたり、不満と原因とを線で結んだりできるようになる。
4 解決策はまずテストする。そうすれば、確実に課題を解決し、不満を取り除き、失敗を避けられるようになる。

効果的な顧客エンゲージメントを行う

　顧客との結びつきを強めながら、卓越した体験を提供する。これは、**あらゆる業界**の組織の大命題だ。その中で、エンゲージメント（P.35参照）は、顧客とサービスをつなぐ大切なインターフェースになる。そこでは体験が形作られる一方で、コストや売上といった数値も発生する。インタラクションの目的は顧客と組織でそれぞれ別で、両者が一致しているとは限らない。
　サービスデザインは、このエンゲージメントを顧客の目標と連動させるアプローチである。さらに、顧客エンゲージメントのアプローチで開発しテストする、つまり顧客価値とビジネス効率のあいだの線を歩み、それを行ったり来たりする手段を与える。この難題を乗り越えるには、顧客のニ

第 3 章　顧客のストーリーを描き出す

ーズをライフサイクルやジャーニーにマッピングして、ニーズを満たすエンゲージメントの形を明らかにしていく必要がある。

▼知っておこう

- エンゲージメントは、顧客由来のアプローチと相性のいい概念だ。組織の業務の世界にどっぷり浸かっている人間を、顧客体験という外の世界へ連れ出すのは、そう簡単ではない。顧客エンゲージメントは、本質に近いインサイトをもたらす。それは、エンゲージメントが**顧客とインタラクションする際のビジネスの活動**を指すからだ。エンゲージメントと言うと何だかよくわからないかもしれないが、行動についてなら、社内のスタッフも話し合いがしやすくなる。
- 「顧客とインタラクションする際のビジネスの活動」という平易な言葉に置き換えると、社内の人間もエンゲージメントについて考えやすくなる。
- 顧客のライフサイクルを、エンゲージメントを網羅したカタログとし

て使うと、**顧客とインタラクションする際のビジネスの活動**という大きな話が非常に理解しやすくなり、リソースを注ぐべき場所をうまく判断できるようになる。

▽この項のねらい ────────────────────────────

- 顧客体験に関するインサイトを実際の行動に落とし込む方法を学ぶ。
- エンゲージメントに必要なチャネルの種類と使い分けを学ぶ。
- 現場の業務の効率を高める。

顧客エンゲージメントの定義

　サービスで最も重要なのは、顧客の目標だ。サービスはそのために存在すると言ってもいい。そのとき大切なのが、ビジネスが顧客の目標達成を助ける形で、両者が結びついていること。顧客エンゲージメントは、ビジネスや組織、サービス提供者が顧客へ価値を届けるために取る行動を指す。そうした行動は、顧客との関係が始まる**以前**から、サービスの利用**開始**のタイミング、顧客が**途中**で何かを受け取る瞬間、そしてサービスを必要とする、あるいはほしがる時期が終わった**以後**まで、サイクルの全域にわたって発生する。顧客エンゲージメントは、売り込みのこともあれば、契約上の取引や期待するサービスの提供、顧客ニーズへの対応のこともある。組織の側からの積極的な「押し」でもあり、顧客の要求に対応する「受け」の能力でもある。つまり簡単に言えば、顧客エンゲージメントとは、あらゆるサービスにおける現場の、最前線の、顧客と対面するスタッフの活動を指す。

　この顧客エンゲージメントに対して、サービスデザインでは、活動を顧客の体験やニーズに合わせて調整していくというアプローチを採る。この点が従来のアプローチとは異なる部分だが、このやり方には、組織にまとまりが生まれるという利点がある。たとえば売り込みであれば、サービスデザインの世界では、売り込みのような活動も、顧客に価値を届けるもの

でなくてはならない。顧客に情報や判断材料を与えるものでなくてはならない。それができれば、価値を加えられる。価値を届けられれば、そのとき顧客が購入しなかったとしても、あとで戻ってくる可能性が高まる。

顧客エンゲージメントも、顧客に届ける価値とビジネスにとってのメリットのバランスが取れていなくてはならない。その好例が、格安航空会社だろう。格安航空は当初、サービスの質ではなく、革新的なビジネスプロセスを武器に躍進を果たした。彼らが提供する唯一にして強烈な価値は価格だった。ところがこのモデルが成熟すると、彼らは戦略とサービスに手を加え、顧客体験の面も考慮に入れるようになった。顧客エンゲージメントのスムーズ化を図り、それによって別方面から価値を届けた。そのために、サービスデザインの専門家を雇い入れた会社もある。このように、価格だけを追求するのでない限り、顧客エンゲージメントは検討に値する重要事項となる。

顧客体験というアウトサイドインの視点は、ビジネスにとっての優先順位やビジネス戦略という、インサイドアウトの知識と常に均衡していなくてはならない。顧客の求めには何でも応じようと言っているのではない。組織はビジネス的な視点が強くなりがちだから、顧客体験への理解を深めて両者のバランスを取りましょうと言っているのだ。顧客のニーズとビジネスの優先事項はバッティングすることも多いから、サービスでは常に綱引きが起こりえる。ビジネスにとっていちばん効率がいい方法で、なおかつ顧客に目標へ辿り着いてもらうサービスの実現。そこが顧客エンゲージメントの難しいところだ。

顧客エンゲージメントに対するアプローチ

「顧客に効率よく目標へ到達してもらうにはどうすればいいか？」顧客エンゲージメントに対するアプローチでは、常にこの疑問が基準点となる。「効率的に」とは、顧客とビジネスの双方にとって、労力と費用の少ない方法で、という意味だ。効率的な顧客エンゲージメントの理想形は、すべきことをやり遂げたという達成感を持って、顧客に生活や仕事へ戻っ

てもらうことだ。そこでは、ビジネスのベネフィットと顧客のニーズが連動している。優れた売り込み体験は、売上アップと効率アップを同時に成し遂げるものでなくてはならないのだ。

サービスデザインのアプローチの常として、今回も、まずはカスタマージャーニーの各段階における顧客体験と顧客ニーズを理解することが、最適な方法を探り出す出発点になる。ここで集めるのは、顧客の体験、振る舞い、ニーズ、動機に関するデータだ。カスタマージャーニーの構造は、そうしたデータやインサイトを整理するのにも向いている。顧客エンゲージメントは、見つけたニーズへの対応だという話を思い出してほしい。たとえば売り込みの場面で、顧客が理解したい、判断したいというニーズを持っていたなら、エンゲージメント活動は、そうした理解や判断を助けるものでなくてはならない。ここではニーズを深く掘り下げ、幅広く質問を投げかけて、ニーズを具体的に理解する必要がある。それには体験した顧客に尋ねるという方法もあるが、人間の記憶は不確かだから、タスクを顧客自身がこなす様子を観察するほうが正確だ。とはいえ、どちらのインサイトも有益であることに変わりはなく、前者は記憶としての体験が顧客に与える長期的影響を、後者は体験そのものを理解するのに役に立つ。つまり、どんなときも両者をうまく組み合わせるのが賢明だということだ。

理解のニーズなら、サービスを理解するのに、顧客はどんな情報を必要としているか。情報はどんな形で提示すべきか。どんな言葉を使って説明すれば、顧客は情報を確実に理解してくれるか（たいてい、組織が使っている言葉は理解されにくいものだ）。

たとえば見知らぬ土地へ旅行する顧客なら、公共交通機関のシステム、特に切符購入のシステムを理解しなくてはならない。そうしたシステムは土地によって微妙に異なっていて、たいていわかりにくい。この時点で、新しい場所へ向かう人という特定の顧客グループの中に、満たされないニーズが生じる。このニーズを理解できれば、エンゲージメントの質を向上させられる。具体的には、空港や主要鉄道駅といった街の主な玄関に、サービスカウンターを特設するのはどうだろう。このエンゲージメントが提供する価値は明快で、利用者は料金の支払い方を理解し、サービスを利用

できるようになる。

　顧客エンゲージメントで重要なのは、適切な種類のチャネルを選ぶことだ。ビジネスは、チャネル切り替えの効率ばかりを重視し、そこを基準に種類を決めてしまうことが多い。サービスデザインでは、複数のチャネルを総体として捉え、総体として最適化することで、エンゲージメントを改善する。顧客エンゲージメントでは、確かにチャネルそのものの話は避けられない。顧客を助けるにはどんなチャネルを使うべきか。そのチャネルをどう設置すべきか。しかし本当はその前に、どのチャネルにも当てはまる原則を考えなくてはならない。対象とする体験に臨む顧客を、どんな活動を使って助けたいのか？　こうした原則は、チャネルの構成を考える際の「品質管理基準」になる。たとえば、原則が「専門用語を顧客にもわかる言葉に翻訳する」だったとしたら、具体的なアプローチとしては、コールセンターのマニュアルを改訂するという方法が考えられる。

　チャネル選択の基準は、顧客とビジネスとではまるで違う。顧客は、抱えているニーズやタスクは何か、そしてそれらを解決するのに最適なものはどれかを基準にする。そしてニーズやタスクの解決に失敗する、あるいはその過程で不満を抱けば別の選択肢へ移動する。チャネルの構成を考えるということは、各チャネルの強みを生かしながら、総体としてチャネルを最適化する作業にほかならない。デジタルのチャネルは、顧客への情報提供や、取引の準備、コントロールが得意だ。対して店舗スタッフなどの人間のチャネルは、親身なアドバイスを提供し、勝負どころで顧客をサポートするのに向いている。

　大切なのは、体験の各段階で顧客が抱くニーズや期待を予測し、最適なタイミングでエンゲージメントを実行することだ。サービスや組織を顧客視点で見つめ、エンゲージメントが必要なタッチポイントを見つける。卓越した顧客体験を提供するには、そこがいちばん重要になってくる。

顧客エンゲージメントのデザインの仕方

1）顧客エンゲージメントをデザインする

顧客エンゲージメントをデザインするには、顧客のサービス利用の動きを表した図に、顧客がそのサービスに対して持つニーズをマッピングしていく。以下に挙げる2つの質問を出発点に、作業を進めていってほしい。ただし、これはあくまで表面的なものだ。サービスの内容によっては、もっと掘り下げないといけない場合もある。

- 具体的に顧客のどんなニーズを満たせば、顧客は決断できるようになるか。
- どんなサポートを提供すれば、売り込みの効果が上がる、または見込み客が正しい判断を下せるようになるか。

2) **複数チャネルをまたいだエンゲージメントを行う**

エンゲージメントの原則が決まったら、今度は複数のチャネルをどう連携させれば、原則に沿ったサービスの提供が行えるかを考えていく。その際は、異なる役割を持った複数のプレイヤーが支え合う、

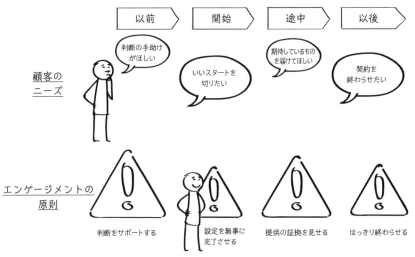

ニーズと原則：
エンゲージメントの原則は、ニーズに対応したものでなくてはならない。それが、ニーズを満たす具体的な方策を練る際の手引きになる。

第3章　顧客のストーリーを描き出す

チームとしてチャネルを捉えること。大事なのは、バラバラな選択肢として示すのではなく、どのチャネルから入ってもニーズを満たせるような、総体としての体験を提供することだ。

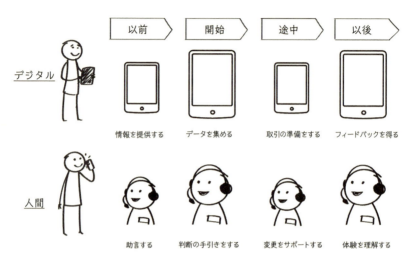

デジタルと人間：
ここでは、人間の代理人（サービスを提供するスタッフ、セールスマンなど）とデジタルのチャネルの連携のさせ方を考えれば、サービスを総体として捉え、各チャネルを最大限に活かせるようになる。

顧客エンゲージメントの実例

　現代は、コスト等を理由にした「デジタルファースト」が1つの潮流になっていて、対面やコールセンターを使ったインタラクションから、セルフサービスやサービスの自動化が可能なオンラインのサービス提供への「チャネルシフト」の流れが加速している。

　その中で、ドイツのとある電気通信企業は、1つのビジョンを持っていた。実店舗とオンラインショップを連携させ、極上の顧客体験を提供するというものだ。そこでは、顧客は流れる。つまりチャネル間を自由自在に移動する。それまで別々に業務を行っていた実店舗とオンラインショップは統合され、一貫した顧客体験を提供すると同時に、各チャネルの力が最

大限に引き出される。そして、会社は競争で大きく優位に立つ。

　このビジョンを実現すべく、企業は部門横断型のチームを設立した。顧客の購入体験を精査することで、チャネルの断絶という最大の不満を特定しつつ、チャネル間の連携を高めて顧客に提供する価値を大きくするという機会も探り出した。こうして、顧客の心をつかむ理想のカスタマージャーニーの主要パーツが決まったところで、チームは行程の細かいデザインに取りかかった。電話機の購入体験と料金プランの決定体験に、顧客エンゲージメントをマッピングしていき、サービスのシナリオを描いていった。各チャネルの強みを生かす方法を考えつつ、要所要所でチャネル間を自由に移動できる仕組みを作った。たとえば、最初に実店舗を訪れた顧客が話を家に持ち帰り、最後はオンラインで締めくくるといったプロセス。あるいはオンラインでジャーニーを始めた顧客が、商品を店舗で受け取り、スタッフの助言をもらいながら無事に設定を終わらせるといった行程を取れるようにした。

　こうして、エンゲージメントをどう配置すれば、顧客を絶えずサポートしつつチャネル間の障壁を取り払えるかという、中核構造ができあがった。すると、デザインしたい体験の中身、そしてデザインすべき理由がはっきり見えてくる。自然と、各チャネルで具体的に何をすべきかも決まってくる。企業はそれらを軸に戦略を定め、eコマースのプラットフォームづくりから、店舗業務の新モデル構築、スタッフの再トレーニングといった、さまざまなワークフロー改革を進めていった。

POINT
1　体験の各段階での顧客の期待を予測し、適切なタイミングで顧客に関与（エンゲージメント）することで、その期待を満たそう。
2　サービスを顧客視点で見つめることで、卓越した体験を提供するのに欠かせない、エンゲージメントの瞬間を見つけ出そう。
3　エンゲージメントは、顧客が顧客になる前から発生し、最適な過程をへたあとまで続く。

第3章 顧客のストーリーを描き出す

インパクト大の顧客イノベーションを起こす

　競争の激しい市場で生き残っていくには、他社との差別化要因がなくてはならない。野心的な組織は、サービスのイノベーションを起こして、新しいセグメントや市場に切り込んでやろうと意欲を燃やしていることだろう。サービスデザインでは、（満たされない）顧客のニーズからイノベーションを起こすという、ダイナミックな手法を採る。こうした「顧客イノベーション」の特徴は、現行モデルの改善や調整ではなく、ニーズを満たす新しい方法の確立を目指すところにある。
　公共サービスでは、そうした意欲の源は多くの場合、サービスの質を維持しながら提供コストを大幅に削減したいという思いになるだろう。そのためには、ごく限られた、あるいはまったく異なるリソースを使って顧客

のニーズを満たすにはどうすればいいかという、発想の転換が必要になる。ここでも、顧客視点は成功の必須条件だ。サービスデザインでは、この顧客視点を確立することで、サービスのイノベーションや、現行サービスの劇的な改革を目指す。そしてそのために、まずは顧客から入って、それをビジネスインパクトや組織課題とつなげていくという独特のアプローチを採る。

▼ 知っておこう

- ある人にとっての改善案が、別のある人にとってのイノベーションのコンセプトだということはよくあることだ。「劇的」という言葉の意味は、人によって捉え方が違う。大切なのは、まず組織にとってのイノベーションの目的をきちんと定め、それから後援者にとって大胆かつ劇的なアイデアを出すことだ。
- イノベーションは、常識とは対極にある考え方だ。イノベーションを起こすには、チームにイノベーションの経験、もしくは経験豊富な人の手引きが欠かせない。それがなければ、適切なプロセスや入念な検討をへてイノベーションを起こすのは難しい。
- 顧客を直に観察して得られるインサイトは、やはり重要な意味を持つが、実践している組織は少なく、また顧客の状況に常に目を配れるエネルギーを持った人も少ない。
- イノベーションの燃料はインサイトだ。そして求められるのは、すべての顧客に当てはまる検証可能な事実ではなく、アイデアに着火する火花だ。

▽ この項のねらい

- 顧客の満たされないニーズの特定の仕方を学ぶ。
- アイデア創出の具体策を見出す。
- インサイトに基づいて解決策を考案する方法に習熟する。

第3章　顧客のストーリーを描き出す

顧客提案と顧客体験をイノベートする

　サービスのイノベーションは、2つの大きく異なる側面を持つ。顧客提案のイノベーションと、顧客体験のイノベーションだ。
　顧客提案とは、顧客が受け取る価値のことだ。その価値は、具体的な体験を超えたところになければならず、その意味で、体験からは独立している。しかし、両者はつながってもいる。体験は、提案に基づいて提供されなくてはならないのだ。提案は、明確で、説得力があり、さらにコールトゥアクション（行動をうながす仕掛け。CTA）の性質も持たなければならない。エレベーターピッチ（エレベーターに乗っているあいだのような、ごく短時間で行うアピール）の要素もある。つまり、中核となる簡潔なアイデア（コンセプト）が盛り込まれていて、顧客のもっと知りたいという気持ちを引き出すものでなければならない。これは商業サービスでも公共サービスでも同じだ。たとえば、病院、またはアプリを通じて提供する**年中無休の診療**などは、説得力のある提案だ。この提案を行ったのなら、体験もそれに則る必要がある。簡単に申し込めて、なおかつ患者の具体的なニーズに即した診療を、病院やアプリを通じて実施しなくてはならない。
　顧客提案と顧客体験を構築、イノベートするには、顧客の現在の体験を理解するところからさらに踏み込んで、顧客の心の奥深くに眠るニーズを探り出す必要がある。顧客の満たされないニーズを満たす、あるいは斬新かつ効果的な方法で満たすには、自分の働く業界の構造や組織の外側へ、もう一歩踏み出さなくてはならないのだ。それには、大きなレベルのライフサイクルを描くのが最適だ。たとえば、交通機関のイノベーションを起こしたいと思ったとする。このとき、鉄道を利用する顧客のライフサイクルを描けば、鉄道の利用体験の改善に必要なインサイトが手に入り、鉄道体験の特定のタッチポイントを刷新することもできるだろう（それに、そうした刷新は間違いなく効果がある）。しかしこれは、交通機関そのもののイノベーションではない。この場合はもっと大きなライフサイクル、つまり鉄道だけでなくバスや車など、さまざまな移動手段を選択肢として持つ消費者のライフサイクルを描き、既存のモデルの外にあるニーズと機会

を見つけ出さなくてはならないのだ。最高の実例が、**クツプラス**というフィンランドのバスサービスだろう。クツプラスは、スマートデバイスを使い、バスとタクシーを組み合わせることで実現した、ごく低料金なドアトゥドアの移動サービスだ。このサービスのデザイナーは、スマート技術を活用すれば、低料金でありながら非常に便利なサービスを提供できる機会が眠っていることに気づき、極めて保守的な業界に新しい風を吹かせた。

革新的なコンセプトを確立する

　顧客イノベーションを起こすには、まず、人間や消費者、市民のライフサイクルを描き、特定サービスの利用に限定されない、彼らの生活そのものを理解する必要がある。それが、顧客のニーズに深く分け入るための枠組になる。

　たとえば人間のライフサイクルならどうか。人間のライフサイクルを描くとは、卒業や結婚、引退といった人生の節目における人としてのニーズを探り出すということだ。ビジネスや部門の枠から本当の意味で抜け出して、イノベーションに必要なレベルで顧客のニーズに向き合えている企業は少ない。しかし、こうした視点で機会を探るというのは、既存のモデルに縛られる必要がないという意味でもあるから、これは刺激的な仕事でもある。この刺激的な仕事に取り組んではじめて、真の顧客由来のイノベーションは生まれる。

　消費者や市民のライフサイクルならどうだろう。消費者のライフサイクルは、特定の部門（たとえば先ほどのバスサービスなど）におけるサービス充足の流れを指し、一方で市民のライフサイクルは、公共サービスの同様の流れを指す。顧客の消費者や市民としての判断基準を知るには、このレベルの視点がとても役立つ。イノベーションの機会は多くの場合、既存のモデルのすき間に眠っている。あるいは先端、つまり消費者や市民自身がすでにサービスの新しい組み合わせ方を見つけているが、実践がまだ小規模で、発展の余地を残す場所も、イノベーションの有望な候補になる。

　さて、顧客の生活に関するインサイトを集め、部門やこれまでのサービ

第3章　顧客のストーリーを描き出す

スの外側にある深いニーズを探ることで、顧客由来のイノベーションの機会を特定できたら、次はそうした機会を活用するコンセプトの選定が必要だ。イノベーション候補の検討、検証、テストといったプロセスをへて、市場へ提案するには、土台となるコンセプトが定まっていなければならない。

　今記したように、コンセプトは提案の前身だ。だから、機会を活用しつつも、特定のアプローチに偏らないものでなくてはならない。複数のアプローチに派生させられるものでなくてはならない。コンセプト自体が有効でも、特定のアプローチしか採れないと、そのアプローチが失敗したときにコンセプトそのものも死んでしまう。だから、さまざまな選択肢につながる中庸なコンセプトを考えることが重要だ。

　革新的なコンセプトを打ち出すには、型破りなアイデアが飛び出す刺激的なプロセスが必要になる。閃きの確率を高めるコツはいくつかあるが、なによりも大切なのは、対象顧客のライフサイクルを明確かつ具体的に描き出すことだ。都市交通の革新的なコンセプトを考えたいのなら、顧客それぞれの移動のサイクルの核となる局面を丹念に洗い出していく。そして、彼らがどんなときに交通手段に関する選択を調整、変化させるかを明らかにする。都市交通の実例で言えば、引っ越しをしたときと街へ出かけるときは習慣が変化しやすいという、ライフサイクルの重要な要素が判明したことがあった。

　重要な局面がわかれば、そこに文脈となる構造をはめ込むことで、コンセプトが生み出せる。構造とは、たとえば顧客のグループや振る舞いだ。交通機関の例で言えば、引っ越しをして新しい習慣を作る段階について、顧客の分類を考え、グループごとに交通機関との結びつきのパターンがどう異なるかを考える。学生ならどう動き、どんなニーズを抱え、そしてどうすれば新しい方法でそのニーズを満たせるかを考える。同じことを、家族持ちの人間や高齢者についても考える。そうやって私たちは、引っ越しという人生の重要な局面に対応する、グループごとに大きく異なる3つのコンセプトを確立した。

コンセプトの確立の仕方

1）機会を特定する

　顧客由来のイノベーションを起こすため第一歩は、顧客が経験する市場の状況を理解することだ。顧客視点で、旅行や健康、キャリアといった「人生の部門」を考えることだと思ってもらえればいい。市場とは、先の交通機関のような活動の舞台だ。状況とは、引っ越しや育児、退職といった顧客が携わる活動だ。そうやって状況を探っていくと、多くの顧客に共通する活動が見えてくる。それが、顧客の奥深い世界へ我々を誘う、人間や消費者、市民といった大きなレベルのライフサイクルだ。このライフサイクルを念頭に調査や観察を行うと、ニーズが存在する箇所、現行サービスがニーズを満たせている度合いが見えてくる。そして、それが満たされないニーズであれば、そこが機会を掘り起こすきっかけになる。

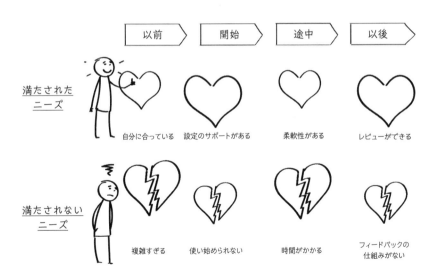

満たされたニーズと満たされないニーズ：
顧客の満たされたニーズと満たされないニーズをライフサイクルに当てはめていくだけで、サービス体験で注目すべき箇所が浮き彫りになる。

2) コンセプトを確立する

コンセプトの確立は驚くほどシンプルで、満たされないニーズを満たす方法を見つければいい。とはいえ、その手順は複雑だ。ニーズは、単にすき間を埋めるだけで満たされることはめったにない。たいていは、カスタマージャーニーの序盤の段階で、顧客にこれまでと異なる選択をしてもらわなければならないのだ。ニーズが満たされる過程が川の流れだとすれば、大切なのは上流で手を打つことだ。「滝から落ちたくない」というニーズを満たす方法は、落ちかかっている人の救出ではなく、早い段階での警告のはずだ。エンゲージメントの実行に最適の場所を見つけ出し、それを活用してのちの行程を快適にする方法を考える。それがコンセプトの確立だ。

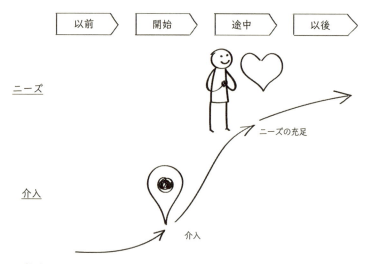

ニーズと介入：
ニーズをマッピングすると、どの地点で手を打てばニーズを満たせるかが見えてくる。やってみると、上流の段階で介入して、ニーズがそもそも発生しないようにするのがベストなことが多い。これは大切なポイントだ。

顧客提案のイノベーションの実例

　食料雑貨という、非常に競争の激しい部門で事業を展開するある小売大手は、現在の市場の外までイノベーション活動の範囲を広げるべく、ニーズの発見に取りかかった。発端にあったのは、何か抜本的な手を打って、顧客との関係を見直さなくてはならないという切迫感だった。

　そのために企業は、ライブワーク社をはじめとするコンサルタントの協力を得ながら、顧客が高い価値を置く、しかもイノベーションの余地が残る（革新がまだ起こっていない）人生の部門（旅行、健康、キャリアなど）を特定していった。

　ターゲットとする人生の部門が見つかれば、次は部門ごとのライフサイクルの作成だ。企業は、各部門を気にしている人、たとえば引っ越しをしたばかりの人などを対象に調査、観察を行い、彼らの前に立ち塞がる課題を明らかにしていった。そして顧客が痛みを感じている地点、つまり満たされないニーズが発生している地点を正確に特定した。そこを起点に機会の眠る地点を幅広く選出し、優先順位をつけて重要な点を絞ったのち、全社規模のコンセプト創出セッションを開催した。議論の土台となる機会さえ明示されていれば、顧客のタイプに合わせて具体的な解決策を練り、コンセプトを生み出すのはそう難しくない。そうして生まれたコンセプトを、企業は実際の顧客にテストしてもらって有効性を検証し、改良をへて、ついにはベータ版を開発し、市場へ投入した。

　コンセプトの評価には、業績に与えうる影響、開発の難易度、顧客に与える価値という伝統的な基準を採用した。そして、リデザインとテストを繰り返す中で、アイデアの一部は破棄され、しかし一部は、ブラッシュアップされ正式採用候補のリストに加えられていった。

POINT
1　イノベーションを起こすには、ビジネスの定石から抜け出し、顧客の状況に踏み込む必要がある。
2　顧客の状況を理解し、満たされないニーズに関するインサイトを

第 3 章　顧客のストーリーを描き出す

　　　手に入れるには、人間や消費者といった大きなレベルのライフサイクルを考えなくてはならない。
　3　顧客由来のイノベーションを起こすには、満たされないニーズを特定し、そこから機会を見つけ出すことだ。

第4章

ビジネスインパクトをもたらすサービスを創り出す

顧客のニーズを基にサービスをデザインし、
以前から続くビジネス課題を斬新な方法で解決する

　ビジネスには目標と課題がある。成長と競争の２つなどは、その中でも代表的なものだろう。企業は普通、手に入る最善のツールを活用して、目標到達や課題解決を目指す。業界や技術、市場が進化していけば、業務に必要なツールも進化していく。そして、複雑で、ネットワーク化した、デジタルな、顧客によって動かされる現代社会では、サービスデザインが、ビジネスの主要議題に大きく影響する。

第4章　ビジネスインパクトをもたらすサービスを創り出す

　ビジネスインパクトとは、前進する能力だ。状況を理解し、解決策を打ち出し、それを市場へ送り出す力だ。新技術を顧客の生活に馴染ませ、市場での競争力を磨く能力だ。こうした前進が起こると、顧客も進化する。変化を起こした企業に注目し、他社から乗り換え、商品を購入、利用して、愛着を抱くようになる。行政サービスなら、影響はコストの低下という形で表れ、そしてコストの低下は多くの場合、市民の福利厚生の充実や雇用の改善という成果へつながる。そして、ビジネスインパクトはたいてい、顧客エンゲージメント（P.31参照）が成功の条件になっている。

　ビジネスインパクトをもたらせるかは、顧客とのインタラクション（P.28参照）や関係づくりにかかっている。この考え方は、ビジネス課題の解決や目標到達に取り組む際の新しいレンズになる。このレンズを通すと、ビジネスを顧客視点で見ることができるようになる。

　サービスデザインはビジネスのニーズを明らかにするが、その過程は自社の外側、つまり市場や競合他社、あるいは顧客の生活の探索から始まる。サービスデザインは、自社が直面している課題を見つめる新たな視点や、課題に対処する新しいツールを提供する。

　この第4章では、典型的なビジネス課題4つを取り上げ、サービスデザインを使ってそれらにどう取り組んでいくべきかを解説する。4つの課題とは、革新的なビジネスコンセプトの確立、デジタルへの適応、顧客のパフォーマンスの改善、そして新商品の売り出しの成功だ。

革新的なビジネスコンセプトを確立する

　市場が変化すれば、ビジネスもそれに適応しなくてはならない。競争の激化、新技術の登場、政府の規制など、ビジネスが適応すべき市場の変化はいくつもある。一方ではほとんどのビジネスは、既存市場や参入市場での優位をもたらす新しいビジネスモデルも常に模索している。

　こうしたニーズを持つのは、消費者市場向けの企業だけではない。行政サービスもまた、人口動態（一定期間内における人口の変動のこと）や政

治、経済の変化に対応する新たな手段を必要としている。サービスの提供では、過去に確立したモデルがいつまでも通用するということはありえない。

　ビジネスコンセプトは、**事業の進め方**の明確なイメージの土台となるものだ。ビジネスコンセプトの確立はサービスデザインの専売特許というわけではなく、むしろかなり縁遠い。どちらかと言えばビジネス戦略やマーケティング戦略の中核と言えるだろう。それでもサービスデザインという別角度からのアプローチを用いれば、市場のインサイトやビジネスコンセプト、将来のシナリオといったものを今までよりも具体的に把握でき、創造的なプロセスを進めるのが楽になる。

▼ **知っておこう**

　多くの企業は、市場のトレンドを理解する方法には習熟していても、いざその情報を使って行動を起こす段になると、急に足が止まってしまう。変化には困難がつきものだからだ。そんなとき、プロトタイプを使って新コンセプトのテストやパイロット（事前テスト）を行う方法を知っていれば、先へ進む方法を見つけ出し、足踏み状態を打破できる。

▽ **この項のねらい**

- 新たなビジネスコンセプトを特定し、確立する方法を理解する。
- ビジネスコンセプトを使って、組織に方向性や目的を生む方法を知る。
- 新コンセプトの検証方法を学ぶ。

ビジネスコンセプトとは何か

　ビジネスコンセプトとは、ビジネスの進め方の明確なアイデアだ。サービスデザインではそこに、**顧客と一体となった進め方**という視点を加える。突き詰めれば、ビジネスの本質はそこに、つまり顧客に価値を届けるモデルの構築にある。しかし、革新的なビジネスコンセプトは、革新的な

第4章　ビジネスインパクトをもたらすサービスを創り出す

顧客提案や顧客体験と100パーセントイコールではない。ビジネスコンセプト確立の目標は、顧客に何かを提供することよりも、事業の進め方を決めることにあるからだ。

　ビジネスコンセプトは、事業によっては巨大なものも、破壊的なものもある。破壊的なコンセプトは事業を変える。格安航空がそのいい例だろう。格安航空は当初、航空市場の停滞した状況に風穴を開け、新規参入の余地を作るというコンセプトを掲げていた。このコンセプトの根には、業界は高コストのビジネスモデルに固執しているが、そのコストは減らせるというインサイトがあった。だから、新規参入業者が市場を拡大できた。

　ビジネスコンセプトには、企業の性質を変容させるものもある。こちらはどちらかと言えば、新しいアイデアを使って企業が業界の常識を打ち破り、競争を抜け出したり、市場をリードしたりするためのものだ。ドイツの家電会社、フォアベルクがいい例だろう。フォアベルクは実演販売のネットワークという、今までとはまったく異なる直接的な販路を使い、高級フードプロセッサを売っていった。

　ビジネスコンセプトは組織を刺激する。破壊的なコンセプトにせよ、組織を変容させるコンセプトにせよ、**大胆なアイデア**には、組織の目的と**事業の進め方**をわかりやすく明確にする力がある。

ビジネスコンセプトの打ち出し方

　ビジネスコンセプトを確立するには、まず、事業の進め方を変える必要がある部分を特定しなければならない。そのためにサービスデザインでは、ビジネスが痛みを感じている地点の照合、顧客や市場のトレンドのライフサイクルへのマッピング、別部門の類似モデルの確認という3つの方法を用いる。それを使って新しいコンセプトの候補がいくつか生まれたら、今度はシナリオやストーリーを使って新コンセプトを検証する。

　ビジネスコンセプトの確立は、ビジネスが抱えている問題を明確化するところから始まる。問題は、業務の煩雑さへの不満のこともあれば、方向性の欠如、あるいは顧客や利益の減少といった具体的な痛みのこともあ

る。まずは、社内での話し合いや部門横断的なワークセッションを通じて、こうした痛みの発生地点を特定していく。このように多様なスタッフの痛みを照らし合わせていくと、異なる部門が抱えている共通の問題、すなわちパターンが見えてくる。そうやって、本当に対処すべき大きな問題を整理する。

　破壊的なコンセプトや、新規参入の機会を生むコンセプトも、似た方法で見つけ出せるが、こちらの場合は痛みを探るよりも、専門家や経験豊富な人間の市場観や部門観を照らし合わせてチャンスの眠る場所を算出するといいだろう。格安航空を始めた人たちも、そうやって部門のぜい肉や無駄なコストを割り出し、スリム化の機会を見出していった。

　顧客体験とは違って、ビジネスコンセプトの確立では、個々の顧客よりも、集団としての顧客や市場に着目する。そうやって、市場や顧客のトレンドの情報を使って部門を分析していくと、顧客基盤や対象市場のパターンや変化が見えてくる。市場の大きな流れは何か。顧客の行動は前と変わっていないか。何が顧客の行動のトレンドを作り出しているか。政策の転換はどんな影響を与えているか。そういった状況が見えてくる。

　たとえば、とあるB2Bのサービス会社では、市場をライフサイクルにマッピングし、取引先企業の規模に合わせて市場を分割してみた。すると、大きな企業はその会社のサービスを効果的に利用し、継続利用率も高いのに対し、小さな企業では解約率が高いことがわかった。そこで会社は、小さな企業との事業の進め方を見直し、小規模企業という市場に合った、新しい料金体系や契約の条項を用意したのだった。

　これに加え、顧客に影響するアクターや要因をアウトサイドインの視点で見ていくと、市場の状況がいっそうくっきり見えてくる。アクターとは、顧客とインタラクションしているほかの人間や組織、たとえば事業の進め方を刷新した別企業、家族や家族構成の変化などを指す。要因は、政府の規制や経済状況、社会常識の変化など、もう少し抽象的なものを指す。

　こうしたアクターや要因を配置する舞台として、顧客や消費者のライフサイクルを描き、顧客の振る舞いにどんな影響を与えているかや、サイク

第4章 ビジネスインパクトをもたらすサービスを創り出す

ルのどこに当てはまるかを考えていく。アクターや要因は、市場の規模に影響を与えそうか。既存顧客へのサービスの提供の仕方に変化を及ぼしそうか。あるいは新たな提供の仕方を生み出しそうか。ビジネスコンセプトは差別化要素でもあるから、ライフサイクルの初期段階、つまり顧客になる**以前**の消費者を対象としたアイデアが盛り込まれることも多い。しかし、ビジネスコンセプトは顧客との関係の**開始**時点や、既存顧客を維持し、自社の別の商品へ誘導し、新たな事業形態へ導く**途中**のビジネスの行動も規定するものでなくてはならない。たとえばソフトウェア企業は、商品の提供方法を変えた場合、顧客を古いプラットフォームから新しいプラットフォームへ誘導しなくてはならない。

　顧客に変化をもたらすには、顧客や市場のトレンドを定量化し、アクターや要因の影響している地点を正確に特定する必要がある。たとえば、新しい規制が顧客やビジネスに与える影響をライフサイクルに当てはめていくとどうなるだろうか。顧客獲得の大きな障害になるような規制なら、なんらかの影響が生じるのは設定や加入段階だろうし、規制絡みの事業の進め方を調整しなければ、稼働顧客の数が減る恐れもある。ライフサイクルに当てはめた分析には、各要因がサイクルのどの段階で、どのようにビジネスへ影響しているかを視覚化できるという、大きな利点がある。稼働顧客の減少や解約数の上昇を目に見える形で示すことができれば、影響が具体化するので、行動を起こす強い動機が生まれる。

　また、ビジネスコンセプトは実ははじめからそこにあって、見つけられるのを待っている状態という場合も多い。ビジネスモデルの数には限りがあり、多くがすでに誰かの手で考え出されている。ところが、他の産業からヒントを得ようとする企業は驚くほど少ない。しかし実は、ほかの業界の実例を調べるだけで、試すに値するビジネスコンセプトが見つかることも多いのだ。それにはまず、顧客にとってもらいたい行動や、望みの行動を引き出す策を明確化する必要がある。

　それを済ませた上で、他業界の実例を探っていくと、多くはしっくりこないだろうが、中にはインサイトをもたらし、新しいアイデアのきっかけになるものがいくつか見つかるはずだ。ポイントは、類似する例を見つけ

出すこと。「類似する」とは、単に近い業種という意味ではなく、問題や機会に類似性があるという意味だ。たとえば外科手術のチームは、モータースポーツのピットクルーから学べる。そんなふうに、似た課題を抱えていて、何か学べるものがある相手を探してほしい。我々ライブワーク社は以前、ナイトクラブを手本に、あるメディア企業の購読サービスを再考したことがある。

　こうして痛みの照合、トレンドのマッピング、部門外の実例の調査を行ってコンセプト候補を割り出したら、次は候補の検証だ。それには、このビジネスコンセプトの卵たちをストーリーやシナリオに翻訳し、ステークホルダー（P.25参照）による評価や顧客によるフィードバックが可能な状態に作り変える必要がある。

　ビジネスコンセプト作成は、**自分たちをサークルのようなものだと考える**とうまくいくかもしれない。ストーリーやシナリオは、いわばサークルの紹介文だ。どんな評判を得ているか、どうすれば入会できるか、誰が会員か、そして入会の利点は何か……。こうしたストーリーがコンセプトに命を吹き込み、テストの精度を高める。テストの規模は、状況やリスク、コンセプトの複雑さなどによって千差万別で、ラフなプロトタイプを使った軽いお試しから、本格的なモニター調査まで、さまざまなレベルで行う必要がある。

　ただ、テストと発展が必要とはいっても、候補に残ったコンセプトは本質的には妥当かつ有用なはずだから、確証が得られるのを待たずに使い始めてしまって構わない。詳細はあいまいでも、組織に方向性を与えることはできる。原則の部分が正しければ、コンセプトは企業を目標へ導いてくれる。コンセプトは、発展の過程でさまざまに解釈できる柔軟性を持ちつつ、同時にすばやく説明し、売り込むことができる、エレベーターピッチのシンプルさも持ち合わせていなくてはならない。

ビジネスコンセプトの確立の仕方

1）アクターと要因をマッピングする

第4章　ビジネスインパクトをもたらすサービスを創り出す

アクターや要因をライフサイクルにマッピングしていくと、ビジネスや産業との関連性が見えてくる。サイクルのどこでビジネスに影響を与えているのか。サービス提供の**以前**なのか、それとも顧客基盤との関係の**途中**なのかがわかってくる。

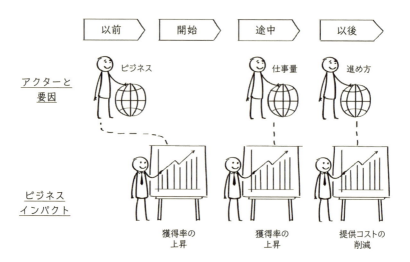

アクターと要因：
ライフサイクルの各段階に影響しているアクターと要因を特定すると、ビジネスインパクトが見えてくる。

2) シナリオを使ってコンセプトを試す

類似業界の調査などの手法を使ってコンセプトの候補を割り出したら、今度はそれをシナリオに変換する。シナリオとは、コンセプトと顧客、あるいは顧客のライフサイクルとの関係のストーリーだ。ライフサイクルの各段階で、企業は顧客とともにどうビジネスを展開していくべきか。そうしたストーリーを、コンセプトを基に描き出していこう。

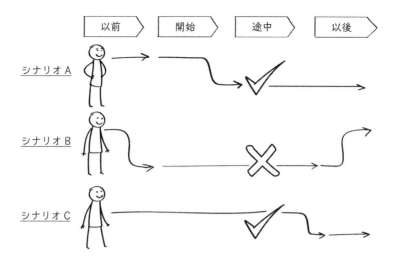

シナリオ:
シナリオはいくつか並行して描くと、どれが最善かを比較検討しやすくなる。

新コンセプトを使ったビジネス課題解決の実例

　高級車向けの安全装置や安全サービスを提供する、とある中規模のテレマティクス企業は、あるとき市場の変化に気づいた。それまで、安全性のさらなる向上という、高級車向け保険の要件の変化を背景に拡大していた市場が、いつしか縮小に転じ、売上が減少し始めていたのだ。契約を打ち切る顧客も増え続けていた。

　つまり課題は、新規顧客を惹きつけつつ、同時に既存顧客を維持することだった。

　調査の結果、問題はビジネスモデルにあることが明らかになった。企業は「車に搭載する安全装置の需要増」に基づいてビジネスモデルを確立し、そのために製品コンセプトに固執していたが、そのモデルが時代遅れになっていたのだ。焦点はすでに「事故をどう未然に防ぐか」という部分に移っていたが、彼らはそのための明確な目的も、アイデアも持ち合わせていなかった。

第4章　ビジネスインパクトをもたらすサービスを創り出す

　私たちライブワーク社は、そこへ顧客視点を持ち込み、そもそも装置が必要ない理想の世界では、顧客は搭載するモノに価値を見出さないと結論づけた。類似サービスにも目を向け、まったく異なるモデルを採用するB2Bのテレマティクスサービスを見つけた。そこで売られていたのは、装置ではなく、顧客が所有する車両をモニタリングするサービスのパッケージだった。装置はサービスを可能にする道具にすぎなかった。

　こうしたインサイトに基づいて、私たちは、価値提案の中心ではない、道具としての装置のコンセプトを探っていった。つまり企業は、顧客とともにビジネスを進める新しいやり方を見つける必要があったのだ。顧客調査の結果から、彼らが重視するのは装置のもたらす安心感だとわかっていたのに、企業はその部分をアピールできていなかったからだ。

　リスクや保険、安心感などをキーワードに、別部門の別サービスを調べているうちに、イギリスのAA社のような、緊急ロードサービス企業が目に留まった。AAが売っていたのは、製品ではなく会員権だった。会員権が顧客にもたらすのは、さまざまな特典と、クラブへの入会資格。クラブに入れば、顧客は車が道で故障したときに、ロードサービスにとどまらない丁寧なサービスを受けることができた。

　これを参考に、このテレマティクス企業でも会員権をビジネスコンセプトとして打ち出そうということになり、自分たちの状況や顧客との関係に合わせて調整しながら、コンセプトを発展させていった。会員権なら、顧客と契約更新以外の話をするきっかけが生まれる。空港に駐めた車の監視といった追加のサービスも紹介できるし、会員と安全一般を話題にインタラクションするきっかけにもなる。

　この新コンセプトを武器に、企業は解約率と顧客エンゲージメントという課題を見事に克服した。

> **POINT**
> 1　新しいビジネスコンセプトがあれば、ビジネスの目的、そして**ビジネスの進め方**がわかりやすく明確になる。
> 2　新コンセプトの候補を見つけ出すには、痛みを照合する、市場や

　　　　顧客のトレンドをライフサイクルにマッピングする、ほかの業界の実例を参考にするという3つの方法がある。
　　3　シナリオやストーリーは、影響の最も大きいコンセプトを見つけ出す際に便利である。
　　4　コンセプトは、発展の過程でさまざまに解釈できる柔軟性を持ちつつ、同時に組織の面々にすばやく説明し売り込むことができる、エレベーターピッチのシンプルさも持ち合わせていなくてはならない。

ビジネスをデジタルに適応させる

　現代のビジネスでは、デジタルファーストが合言葉のようになっていて、顧客も多くがそれを期待している。程度の差こそあれ、デジタル技術の発展であらゆる物事の効率が高まっているのは間違いない。これは大きなチャンスである一方で、乗り遅れれば置いていかれる怖さもある。

　デジタル化への対応は、新興のスタートアップにとっては簡単かもしれないが、長い歴史を持つ大企業や政府にとっては非常に複雑な課題だ。サービスの提供チャネルをデジタルへ移行する過程では、大きな不安や混乱、騒ぎが生じる可能性がある。デジタル化によって、部門間や仲介者間、組織間の壁は取り払われ、定番だったプロセスや手法も定番ではなくなりつつある。デジタルへの移行は、単にチャネルを移行すれば済むという話ではなく、そこにはビジネスの進め方そのものの変更がともなう。そのことが、この課題をいっそう複雑に、難解にしている。デジタル化で消滅の危機にさらされている役割や職業、専門分野もある。そして何より、将来のデジタルビジネスの姿をただ思い描くのはたやすくても、「現状」から「あるべき姿」へ実際に移行する仕事はそんなに簡単なものではない。

　サービスデザインは、この難題に別の視点を与える。サービスデザインでは、デジタル化そのものに目を奪われるのではなく、顧客のニーズを満たす新たな一手段（極めて強力で破壊的ではあるが）としてデジタルを捉

第 4 章　ビジネスインパクトをもたらすサービスを創り出す

える。この顧客というレンズを通すと、ビジネスの実情に即した、デジタル化の手段の「正解」が見えてくる。そうやって選び出されたデジタルなサービスは、顧客に強いる無駄や煩雑さを減らし、顧客とサービスとのインタラクションを迅速に、簡潔に、そして直接的にする。

▼ 知っておこう

- 顧客のニーズ由来のアプローチをデジタル化戦略の基盤にすると、サービスの煩雑さを改善するまたとない機会が生まれる。顧客の動きを鈍らせる活動を取り除くことができれば、デジタルが約束する効率性が存分に発揮される。
- 顧客のニーズを満たすのに必要な機能を洗い出していくと、デジタル

なサービスモデルの重要パーツが見えてくる。そして、現行のプロセスや既存のシステム、あるいは提案された新しいシステムを明快に評価できるようになる。
- しっかりとしたデジタル移行戦略を採用し、適切なタイミングで顧客に新しいデジタルサービスを提供できれば、顧客との関係を強化し、改善することもできる。顧客が注目しているタイミングで、新しい方法の有益さをわかってもらうことができれば、顧客はそれに感謝する。

▽ **この項のねらい**
- デジタル化の手段の候補を、顧客のニーズの文脈に落とし込む方法を知る。
- デジタルチャネルへの移行の仕方を理解する。
- 理想のデジタルモデルへ近づく方法を学ぶ。

デジタルビジネスとは何か

　『WIRED』のような雑誌は、デジタルは革命だと盛んに叫ぶが、デジタルは基本的に、顧客が今までやっていたことのスピードを速め、コントロールできる部分を増やし、選択の材料を増やすものでしかない。それでも、ビジネスの世界では確かに革命が起きていて、既存のモデルが脅かされたり、壊されたりしている。デジタル革命が新規参入の扉を開き、新しくて賢い、おまけにフットワークも軽い競合他社が市場を破壊していく。老舗のビジネスにとっては頭の痛い話だ。新興企業は、移行に手間取る老舗を尻目に、デジタル化の利点を顧客にアピールする。そして、大手がデジタル戦略を定めるころには、その切実な目標はすでに時代遅れになっている。たとえば、Amazonが参入したあとの小売産業や、遠隔医療（テレケア）で新しい可能性が開けた医療分野などもそうだ。デジタルが壊してきた業界は数知れない。

　デジタル化は大きなチャンスであると同時に、移行を義務づける圧力で

第4章　ビジネスインパクトをもたらすサービスを創り出す

もある。にもかかわらず、変わったあとの姿や変えるべき部分、変わる手段をしっかり把握できている企業はほとんどない。何か論理的な方法はないのだろうか？

　デジタル化の流れを巨大企業の内部視点で描こうとしても、今のプロセスや関係を用いた現状の焼き直しにしかならないことが多い。そのやり方だと、生まれるのはやたら煩雑なデジタル体験になってしまう。シンプルなデジタル体験を創り出すには、組織やサービスを顧客視点で理解する必要がある。

　結局、デジタル化にあたってビジネスがすべきことは、企業のパフォーマンスと顧客満足度を高めるデジタルな機能を特定することなのだ。

デジタル戦略の立て方

　デジタルへの移行が、デジタルならではの効率性や、顧客体験の改善を確実にもたらすようにするには、デジタルサービスを顧客視点でデザインするほかない。それにはまず、顧客のニーズを理解し、ビジネスのプロセスではなく、顧客のニーズに基づいて、ビジネスの将来像や「創り出したい」顧客体験を描き出す必要がある。

　デジタル化にあたっては、デジタルな手段で満たせる顧客のニーズはどれかを特定することが重要となる。情報や取引のニーズの多くはデジタルな手段で満たせるし、テクノロジーとそうしたニーズとの相性は抜群だ。しかし同時に、人の手を介したインタラクションニーズも、決してなくならない。ここで大切なのは、人間の助言や手引きを必要とする重要ニーズにスタッフが集中できるよう、不要な雑務を減らすことだ。

　理想は高い。顧客のニーズやデジタル化の恩恵に真摯に向き合えば、顧客の不満につながる要素はどんどん取り除いていかなければならない。アカウントの設定や購読申し込みといった単純なプロセスの改善、以前は手に入らなかった情報やデータの提供、契約の直接管理、柔軟性の拡大。やるべきことは無数にある。

　サービスデザインのアプローチは、常に顧客のニーズと目標を明確に描

き出すところから始まる。顧客のニーズにつながるインサイトは、顧客本人、そして顧客と触れ合う現場のスタッフの2つが、豊かな情報源となる。必要なのは顧客の振るまいと体験の調査で、調べる方法はさまざまだ。体験の各側面について顧客のシャドーイング（P.75参照）を行ってもいいし、これまで出会った顧客について話し合ってもいい。こうした手法を用いれば、顧客の態度や考え方に関するインサイトが手に入る。

　ただ、人間の言動と行動は得てして異なるものだから、直に観察するだけでは足りない部分を補完するためにも、顧客の振る舞いのデータも分析しておきたい。過去の苦情一覧や、特定のタスクの報告書、時季ごとの業務日誌や年報などデータの種類は多岐にわたる。従業員の顧客絡みの活動と、それに要した労力の情報も、同様に貴重だ。顧客にもたらす価値を高める仕事に、スタッフはどれだけの時間を費やしているか。それを調べると、デジタルな手段で満たせるニーズがそのまま見えてくることも多い。

　こうしたインサイトを理解し、顧客のライフサイクルやカスタマージャーニーにマッピングしていくと、顧客の必要としているものが見えてきて、創り出したい顧客体験が明確化する。体験は、ジャーニーの各段階での顧客の目標や、目標到達がもたらす成果やベネフィットを映したものになるだろう。こうして創りたい体験が決まったら、今度はその提供に必要なデジタルのプラットフォームを考える。大切なのは、デジタルをまず、情報やインタラクション、取引を顧客へ直に届ける機能として捉えることだ。そのあとではじめて、そうした機能を提供できるデジタルなチャネルはどれか（ウェブか、アプリか、モバイルか等々）を検討すべきだ。すると、サービスは柔軟になり、あとから補強するのも簡単になる。

　創り出したい顧客体験は、組織の機能を評価する基準にもなる。そうした機能を現時点で有しているか、それともこれから獲得したり、購入したりするのは難しいかどうかを判断できるようになるのだ。忘れてはならないのは、ビジネスの機能と顧客のニーズとを切り離して考えること。でないと、目標とする体験と、創り出している途中、あるいは移行途中で提供される体験との差をリアルタイムで分析できない。

　機能とは、特定の技術やシステムのことではない。新しい解決策や、シ

第4章 ビジネスインパクトをもたらすサービスを創り出す

ステムに求められる条件を評価する基準のことだ。営業部にもサービス部にも適用できる、部門横断的な共通の基準、そこから必要な技術やシステムを割り出せるもの。それが機能だ。

顧客のニーズとビジネスの機能との、リアルタイムでの対話を行ってほしい。「このニーズを満たせる？」「ええ、この機能を獲得できれば！」そんな会話だ。

顧客のニーズをしっかり把握し、目標とする体験を描き出すと、そうした理想像と組織の現状とのあいだに横たわるギャップが浮き彫りになるかもしれない。迅速な口座開設が、（規制も含めた上で）現行のプロセスやシステムでは不可能に思えるときもある。大切なのは、ギャップの存在を認識した上で、顧客体験の目標を下方修正しないことだ。一朝一夕にはいかない覚悟で、目標へ向けた変革をじわじわ進めていくことだ。そうすれば、顧客のニーズや目標とする体験を、ビジネスが獲得すべき機能に変換できる。しかも、その機能はビジネスにベネフィットや成果をもたらす。

創り出したい体験と、必要な機能、そして期待されるベネフィット。この3つが出そろったら、今度は顧客のニーズ、ビジネス面でのベネフィット、組織にとっての実現の難しさを基準に、優先順位づけを行って売り出しの計画を立てる。

多くの企業が、現状からの移行を不安視する。企業の多くは、電話、対面、場合によっては手紙を使って顧客とビジネスを行ってきたが、将来はデジタルが基本チャネルとなる。不安はそれだけではない。たとえば、新しいチャネルの構築と同時に、既存のチャネルの維持も必要なのではないか。古いチャネルのほうを好んだり、そちらに愛着を持ったりしている人がいる以上、そちらを使ったサービスの提供を続けるべきなのではないか。それに、既存のチャネルを「閉鎖」して、顧客にデジタルへの移行を強要したら、顧客との関係にヒビが入る恐れもある。

いちばん大切なのは、移動の必要性を認識し、その最適なタイミングを見極めた上で、移行のジャーニーをデザインすることだ。ジャーニーはまず、顧客は誰で、彼らがどんな状況に置かれているかを明確にするところから始まる。そんなに難しい話ではない。対象は既存顧客か新規顧客か、

利用の頻度は頻繁か、デジタルが得意か苦手かといった点を考えればいい。顧客のタイプが変わればジャーニーも変わってくるし、対象顧客のデジタル化の受容パターンがどれかによって、優先順位も変わってくる。必要なのは中庸な、**「AからBへ」**というような極端すぎないデザインだ。

　このとき忘れてはならないのは、デジタルもまた、数多くあるチャネルの1つにすぎないという認識だ。デジタルビジネスを志す多くの企業が、この点を忘れている。各種チャネルを連携させつつも、顧客自らが現行チャネルからデジタルチャネルへ移っていくような流れ、求められるのはそうしたデザインだ。

　実際の旅行を例に取るとわかりやすいかもしれない。旅行は車や列車、飛行機といった移動手段の数々と、駅や駐車場、インターチェンジといったそれらをつなぐ連結点の数々で形成されている。必要なのは、この連結点のデザインだ。既存チャネルからデジタルへ切り替わる連結点を、顧客にとって理に適った地点に用意する。何か大事なことを手がけているタイミングや、新契約や契約の更新を望んでいるタイミング。問題の解決に取り組んでいるタイミングや、私生活や仕事の状況が変わりつつあるタイミング。そうした助けが必要な場所にいるタイミングで顧客に声をかければ、新しいやり方に耳を傾けてもらえる確率も高くなる。

　この比喩を、広くさまざまなサービスや顧客体験に当てはめていけば、移行のジャーニーを考える重要性がわかってくるはずだ。電話でのやり取りに慣れている顧客を、いきなりオンライン環境へ放りこんではいけない。オンラインチャネルの特徴とベネフィットを理解してもらってから導いていく必要がある。デジタルなインタラクションを基本としながら、人間によるアドバイスも適宜必要とする顧客もいるが、そちらに対しても同様の配慮が必要になる。こちらは、デジタル体験が終わったと同時に人間のスタッフがあとを引き継ぐサービスの流れをデザインすると、体験やインタラクションの質が改善する。

　ただ、これはあくまで理論であって、実践では話はもう少し複雑になる。変化は顧客やビジネスに目に見えない好影響を及ぼす場合があるから、創り出したい体験や必要な機能は、定期的な見直しが欠かせない。変

化を通じて顧客が何か新しいことをできるようになったら、優先順位や計画にも調整が必要になるだろうから、試行錯誤の途中や販売前の段階で方針転換ができる柔軟性も求められる。顧客やスタッフからフィードバックをもらい、指標に照らして有効性を評価する仕組みも必要だ。それがあれば効果をチェックし、フィードバックに基づいた改善を行える。それに、期待どおりの利益が生じているかも、細かく追跡、分析しなくてはならない。カスタマージャーニー上ではなんの問題もなかったのに、実情に落とし込んではじめて、問題点が明るみに出ることもある。プロトタイプ作成を繰り返し、少数の顧客を対象とした初期段階でのローンチを実施すれば、こうした問題が起こる確率は減らせるが、それでも現場での改善は欠かせない。

シナリオを活用したデジタルへの移行法

1) **デジタル化が満たす顧客の変わらないニーズを見つけ出す**

    デジタルな機能は、使えるかどうかではなく、顧客のニーズに応じて提供されるべきだ。それを頭に置いておくと、デジタルサービスは引き締まった、顧客にとって簡潔なものとなる。さまざまなデジタルチャネルを連動させ、一貫したシームレスな体験を創り出そう。

2) **移行の流れをデザインする**

    顧客をデジタルな機能へ意図的に導くカスタマージャーニーを描くには、移行の適切なタイミングを知る必要がある。顧客が新チャネルに注目し、なおかつ移行が現実に行える瞬間を探そう。

デジタルビジネス構築の実例

とある大手金融サービス企業はあるとき、自分たちがデジタル化で遅れを取っていることに気づいた。デジタルを使って、競争力を高めていくべきだということを理解しないまま、地元企業のプロジェクトなどへのでた

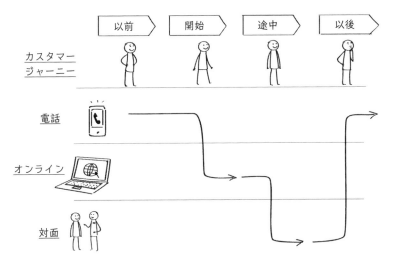

チャネル：
チャネルをライフサイクルやカスタマージャーニーの過程に当てはめると、チャネルのつなぎ方や相互作用の引き出し方が見えてくる。

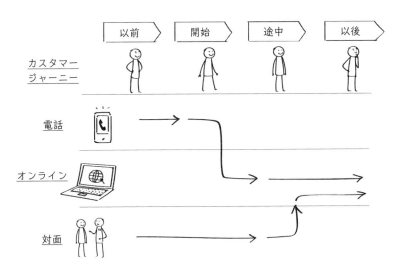

移行：
複数のチャネルを並べてみると、チャネル移行のようなビジネス目標を達成するには顧客にどう動いてもらえばいいか、そのジャーニーの計画が見えてくる。

第４章　ビジネスインパクトをもたらすサービスを創り出す

らめな投資を繰り返していた。

　折しも、政権交代によって金融サービスの選択肢が増え、業界の透明性も高まっていた時期で、顧客を維持していくには、退職年金から積立年金への移行など、重要な局面で顧客と直にインタラクションすることが欠かせなくなっていた。競合他社はこの変化にいち早く対応していて、この企業も遅ればせながら、早急な対策が必要だと気づいたのだった。

　状況は切迫していたが、すべてをデジタル化する余裕はなく、対象を絞り込む必要があった。それには、顧客のタイプごとにカスタマージャーニーを描き、具体的な移行過程での本当のニーズを理解するほかない。企業は、人生のある段階から次の段階へ、あるいはある金融商品から別の商品へといった重要な移行地点に的を絞り、どうすれば変化に臨む顧客をサポートできるかを検討した。

　情報提供やインタラクション、取引のモデルを総合的に見直してわかったのは、多くの顧客が、金融をわかりづらい、選びにくい部門や商品だと感じていることだった。とすると、必要なのは、おそらくすっきりした情報だった。顧客はいちばんわかりやすい会社を選び、そしていちど選べばそこに留まる傾向が強かった。

　もうひとつ、企業が基金や年金といった金融商品、つまり売りものにばかり目がいっているということもわかった。市場では、顧客にはいくつもの選択肢があり、商品はそうした選択の最後にやってくるものにすぎない。である以上、売る方法だけを考えていても、高額商品の**購入**ボタンは押してもらえない。相談用ツールの紹介や、スタッフの助言や案内といったさりげない**インタラクション**を通じて、顧客の決断や選択をサポートしなくてはならないのだ。

　そうやって、企業はすぐに必要なデジタル機能のロードマップを作成していった。そして実際に、極めて迅速に顧客の振る舞いや満足度を改善したのだった。

> POINT
> 1 大切なのは、デジタルをまず、情報やインタラクション、取引を顧客へ直に届ける機能として捉えることだ。
> 2 顧客のニーズや創り出したい体験を、獲得すべきビジネスの機能に翻訳しよう。

顧客のパフォーマンスを改善する

　サービスが成功を収めるには、ビジネスと組織、そして顧客のすべてが優れたパフォーマンスを発揮する必要がある。企業や公的機関には、こう振る舞ってほしいという顧客のパフォーマンスの理想形がある。単純に製品やサービスを買ってもらうのはもちろん、サービスを効果的かつ効率的に使い、求めていた価値を手に入れてほしいと思っている。サービスを使って顧客の特定の振る舞いや行動を引き出し、流れを円滑にできるかは、デザインにかかっている。

第4章　ビジネスインパクトをもたらすサービスを創り出す

　どのサービス産業でも、顧客のパフォーマンスは、望みの成果を手に入れられるかどうかを左右する極めて重要な要素だ。そして、事業が継続していくには望みの成果が必要だ。だからどの企業も、顧客に期待通りのパフォーマンスを見せてほしいと強く願っている。ところが、その引き出し方を知っている企業は少ない。サービスデザインでは、顧客の行動を第一に考え、さまざまな方法を使って、サービスの中で企業がコントロールできる部分を増やしていく。それには、顧客を刺激し、顧客の新しい行動を可能にし、顧客をサポートするサービスを考えなくてはならない。そうすれば、望みの振る舞いを顧客から引き出し、彼ら自身やビジネス、社会の成果につながる振る舞いを顧客から引き出せる。

▼ **知っておこう**

- 多くのビジネスは、顧客のパフォーマンスという視点を忘れがちだ。この考え方は、スタッフを企業の枠の外へ連れ出すだけでなく、顧客の振る舞いを観察し、行動原理を理解してもらう大きな助けになる。
- 顧客をサポートし、振る舞いを変えるなど途方もない考え方で、すさまじい労力を要するように思えるかもしれない。そんなときは、ほんの小さな振る舞いの変化が及ぼす影響を考えて、そこを足がかりにするといい。

▽ **この項のねらい**

- サービスがビジネスと顧客の共同作業であることを理解する。
- パフォーマンスに優れた顧客をデザインする方法を知る。
- 振る舞いの舞台としてのサービス提供者の役割を理解する。

顧客のパフォーマンスとは何か

　ビジネスの世界では、パフォーマンスは普通、従業員や業務プロセス、システムの「作用」を意味する。サービスの従事者には、パフォーマンス

の目標や水準が設定される。そしてパフォーマンスの成果は、数値化できる価値であることが求められる。

　対して、顧客のパフォーマンスは契約で定められたり、規定されたりすることはまずない。何かをしなければならない、あるいはしてはならないなどと顧客を契約で縛ることは、普通はできない。それでも、サービス自体の質が高まり続ける中で、視線は次のステップに向きつつある。顧客にもサービス提供に貢献してもらい、顧客と一緒にいっそう大きな成功を目指すという考え方が広まりつつあるのだ。

　顧客のパフォーマンスがいつ、どこで成功に関わってくるかを知るには、いくつか実例を見るとわかりやすい。タイミングに関しては、たとえば多数の顧客がそのサービスを利用している瞬間が挙げられる。公共交通機関やスポーツの試合では、顧客は安全や安心を脅かす行動を取ってはならないが、同時に列車やスタジアムにふさわしい雰囲気を創り出し、体験の質の向上に貢献するのが望ましい。そのためには、サービス提供者の側が彼らの振る舞いに影響を及ぼして、すべて顧客のためになるサービスを創り出す必要がある。わかりやすいのが、地下鉄の「エスカレーターでは右側にお立ちください（英国）」や「電車とホームのすき間にご注意ください」といったアナウンスだろう。ロンドン地下鉄では、この放送のおかげで事故が減り、混雑が緩和されたという。

　場所については、ロンドンつながりで、2012年のオリンピックが好例だ。ロンドンオリンピックでは、主催者が開幕前にマイナースポーツの啓蒙活動を行った結果、観客の知識が増え、会場の盛り上がりが増した。

　大切なのは、顧客の獲得率や稼働率、維持率といった重要なパフォーマンス指標は、どれもビジネスのパフォーマンスと同時に、顧客のパフォーマンスも高めないと上がっていかないという点だ。顧客がさまざまなタスクをこなせなければ、取引は完了しない。タスクは個人データの入力のようなごくシンプルなものもあるが、そうしたタスクを効果的かつ効率的にこなせる力が顧客にあるかどうかで、ビジネスの成否も変わってくる。顧客のパフォーマンスをうまく引き出すカギは、顧客を受動的な消費者ではなく、能動的な組織の代理人として捉えることにある。

第4章　ビジネスインパクトをもたらすサービスを創り出す

　サービス提供のコスト管理の面でも、顧客は重要な役割を果たす。販売などの基本的なビジネス活動に際しても、顧客はパフォーマンスを発揮し、具体的なニーズに関する情報を提供しなくてはならない。複雑な販売の場面で顧客に課されるタスクは、外野が思うよりもはるかに難しい。法人向けの設備やソフトウェアの調達を例に取っても、最良の製品を選ぶ労力はかなりのものになる。首尾良く購入してもらったとしても、話はそこで終わりではなく、今度は実際にサービスを利用して、価値を受け取ってもらわなくてはならない。実際に使わない顧客は、契約の更新や次の購入を行う確率が低いからだ。ソフトウェアのような製品やサービスでは、顧客はただ買うだけでなく、インストールや設定、起動を行い、トレーニングを積んで利用者にならなければいけない。

　セルフサービスや効率的な新技術、複雑なシステム等がサービスに占める割合が増すほど、顧客のパフォーマンスの重要度は上がっていく。新しい競争力を求めているビジネスにとって、顧客は1つの解決策になりえるのだ。

顧客のパフォーマンスを高めるには

　顧客のパフォーマンスを特定の方向へ操作することは、基本的にはやってはならない。ビジネスは、ライフサイクルの各段階にいる彼らを**刺激する**、つまり動機づけることで、サービスを使い続けてもらう必要がある。そしてほぼあらゆる局面で、顧客の目標到達や具体的なタスクの完了を**可能にする**必要がある。そして最後に、要所要所で専門的な**サポート**を提供する必要がある。

　購入段階を例に、このモデルの使い方と、顧客のパフォーマンスの引き出し方を見ていこう。購入の場合、最初の部分、つまり顧客を**刺激し**、動機づける方法はさほど難しくない。広告の世界はその重要性を熟知していて、大衆を刺激して購入の検討へ導く方法を今も磨き上げている。売り込みでは、顧客の動機を見極め、顧客と一体となって購入プロセスへの熱意や投入する資金を増やしていく必要がある。購入を**可能にする**には、適切

な技術を紹介して、商品の使い方を理解してもらう必要がある。当たり前の話だと思うかもしれないが、新しい技術は販売のたびに使い方を教え込まないと、生活に100パーセント採り入れてもらうことはできない。そして最後に、特に複雑な製品やサービスでは、購入の**サポート**もたいてい必要になる。たとえば、自分に合った商品を探している顧客への助言などだ。レストランで、高級ワインの選択に迷った経験を持つ人は少なくないはずだ。

　売り込み手法の多くは、何を武器にどう売り込むかという、ビジネスの都合が出発点になっている。しかしサービスデザインでは、顧客の視点に立ち、顧客が購入できるようになる方法を探る。すると、顧客の判断に影響しているアクターと要因を理解し、顧客のニーズを満たす方法を編み出せるようになる。

　サービスデザインのアプローチを採ると、ライフサイクルや特定のカスタマージャーニーの途上の顧客体験に構造が生まれ、顧客が刺激や新しい力、助けを必要としている地点を正確に特定できるようになる。そうした基本理解が得られたら、今度は将来のシナリオを描き、顧客をどう刺激し、何を可能にし、どう支えるかを考える。そして最後に、それらをどう提供すれば顧客のパフォーマンスが改善するかを考える。

以前、開始、途中、以後の枠組を活用する

　以前、開始、途中、以後という顧客体験の4つの段階は、顧客が刺激や新しい能力、サポートを必要としているタイミングを知りたいときに便利だ。

　サービスを買ったり、使ったりする**以前**に必要としているのは、おそらくトレーニングと準備だろう。準備とは、選択肢を理解し、進む方向を定める過程を指す。たとえば、旅行や引っ越しの計画作り、あるいはソフトウェアのインストールなどだ。顧客にはやるべき「仕事」があり、仕事を終えるには、まずやり方を決める必要がある。「この顧客の仕事は何か」という観点で顧客から話を聞くと、サービスをめぐる状況や、サービスを使った顧客の優先課題の解決法もわかってくる。状況把握は大切だ。ビジ

第4章　ビジネスインパクトをもたらすサービスを創り出す

ネスは多くの場合、顧客を受け身の消費者と捉え、手を携えてゴールを目指す仲間としてみていない。その中で準備の手助けをできれば、サービスの価値が高まり、売上増や市場拡大といった目に見える成果が生じることもある。計画段階で刺激を与え、何かを可能にする技術を紹介し、サポートを提供できなければ、顧客は前へ進めない。

　顧客エンゲージメントの**開始**段階は勝負どころだ。サービスデザインの世界ではよく、顧客との関係の「完璧な滑り出し」が話題になる。いいスタートを切れたかどうかで、あとの体験がまるで変わってくる。スタートダッシュのコツはいくつもある。たとえば契約では、顧客は提供側が思っているほど、契約内容をわかっていない場合が多い。だから、新しい顧客と契約を結ぶときは、関係作りの**設定**をサービス提供者側で行う必要がある。**初回利用体験**のデザインも重要だ。初回利用体験と2回目以降の体験はまったくの別ものだ。顧客がそのサービスに馴染んでのめり込んでいくか、そうでないかは、そこで決まってくる。**初回利用体験**の形を具体的にデザインできていると、あとが非常に楽になる。新車をはじめて運転する瞬間を想像して、自分がどうやって新車に馴染んでいくかを考えてほしい。それを自分のサービスにも当てはめるのだ。

　開始段階にある顧客のサポートのニーズも、勝負を左右する要素だ。設定がうまくいっていれば、サービスは想定どおりの形で使われ、きちんと役割を果たす可能性は高まる。逆に設定がまずければ、顧客は何の価値もない、単に手間だけの変更や問い合わせへの逆戻りを強いられる。設定の重要性の原則は、いろいろなサービスに当てはまる。新しい不動産ローンを組む場合もそうだし、不幸にも病気の診断を下され、（食生活の改善や診療を受けるなど）健康を保つための対策を講じなければならなくなった人もそうだ。**開始**へ注いだ労力は、多くの場合、コストの低下や顧客が手にする成果の向上（満足のいくローンを組めた顧客や、健康状態が改善した患者など）といった形で、あとで報われる。顧客のスタート地点や、スタート時の顧客の知識のレベル、自信の度合い、使える時間などを把握しておけば、真に効果的な設定をデザインできるようになる。

　サービスの**途中**では、サービスがいつ、どうやって、顧客のなんらかの

パフォーマンスを可能にするかが問題になる。大切なのは、予定通りにサービスを提供し、顧客にその予定を適宜伝えること。そしてその上で、変化や新たなニーズへの備えを常に怠らないことだ。優れたサービスは、パフォーマンス達成に必要な個々の役割を顧客やスタッフに思い出させる力と、出来事に対応して戦術を柔軟に調整する力を持つ。顧客に役割を思い出してもらう方法としては、まず、予定の定期更新という手が考えられる。たとえばイギリスのあるケーブルTV会社は、受信装置をフル活用してもらうため、メールマガジンを活用した。顧客の要求に応じるというやり方もある。顧客が抱きそうな問題を予測し、対策を用意しておくわけだ。振る舞いのデータや苦情、サービスの流れのボトルネックを分析すれば、ニーズは予測できる。重要なのはタイミングで、ライフサイクルを通じたカスタマージャーニーを深く理解しておくと、それがここで生きてくる。サービスの過程を進む顧客の歩みに注目し、初利用から定期利用へ進んでいく過程で顧客やスタッフが辿るステップを想像する。パフォーマンスに優れた顧客になっていく過程や、高いパフォーマンスを発揮するのに必要なことを考える。そうやって、こうした過程が発生するタイミングを見定め、そしてステップごとにサポートのための介入点をデザインするのだ。

　私たちは以前、難しい治療を受けている患者を対象とした医療サービスをデザインしたことがある。私たちは、インタビューや過去のデータから、患者が直面する課題を予測し、カギとなる段階にサポート用の介入点を設置して、仕事や家族にまつわるニーズ、疲労のニーズを満たした。

　予定どおりにサービスを進めるには、顧客に今後の展開と、すべきことを思い起こしてもらう必要がある。ロンドン地下鉄が「すき間にご注意ください」とうながした、あの要領だ。しかし、これだけでは十分ではない。サービスは何かを可能にするものでもあるから、作戦を変更して、もっと上質なパフォーマンスを発揮できるレベルへ顧客を押し上げなくてはならない場合もある。ロンドン地下鉄は今、「コンタクトレス」と言われる非接触型のICカードシステムの普及に向け、常連利用者に対する啓発活動を実施している。ポイントは**刺激**と**能力の付与**を使い、新しい選択肢に対

する気持ちを盛り上げ、採用へのハードルを下げることだ。

　最後に、サービスが完了した**以後**の顧客のニーズや関心を忘れないことも大切だ。普段から繰り返し利用するサービスでは、極めて重要と言っていい。たとえば、自分が入っている保険サービスを思い起こしてほしい。保険では、リスク評価やリスクの緩和策の見直しを定期的に実施することで、加入者の安全性を高めている。顧客が自身のパフォーマンスを見直し、利用のたびにパフォーマンスを高めていけるようにするには、共通の**目標**（「**一緒により安全な暮らしを手に入れましょう！**」など）へ近づいていると顧客が実感できるサービスを作る必要がある。はっきりした目標を設定し、デザインしたインタラクションを通じて、パフォーマンス改善のヒントを示すのだ。たとえばいくつかの自動車保険サービスでは、テレマティクスを使って顧客にパフォーマンスのフィードバックを返すことで、より安全な運転手になろうとする顧客をサポートし始めている。

顧客のパフォーマンスを向上させる方法

1) **パフォーマンスに優れたサービスを具体的に定義する**
　　パフォーマンスの優れた顧客を求める気持ちは、ビジネス目標を定めることで生まれる。顧客満足も1つの目安だが、目標はもっと高く持ちたい。その目標をライフサイクルにマッピングして理解してから、顧客へのアプローチの方法を考えよう。

2) **パフォーマンスに優れた顧客をデザインする**
　　1でビジネス目標と望みのパフォーマンスを明らかにしたら、次はそれを達成する方法を考える。サービスの各段階について、顧客を刺激し、（何かを）できるようにし、サポートをする機会を見つけ出そう。これまでどおり、候補を決める判断材料となるのは顧客のニーズに関する強力なインサイトだが、今回は各段階のビジネス目標も基準になる。

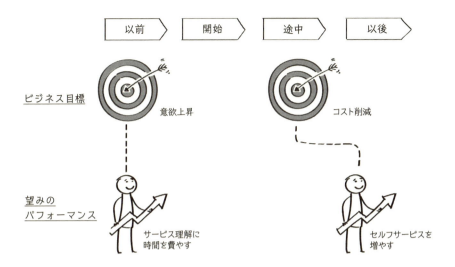

顧客のパフォーマンス：
カスタマージャーニーの各段階でのビジネス目標を知り、顧客のどんなパフォーマンスが目標到達を近づけるかを考えよう。

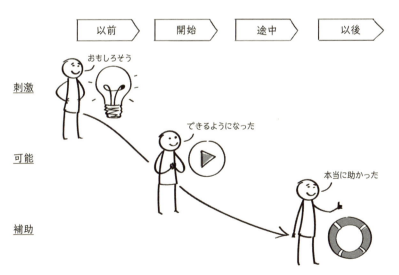

刺激、可能、補助：
この3つの言葉を出発点に、顧客のパフォーマンス向上に果たすビジネスの役割を考えていこう。

第4章　ビジネスインパクトをもたらすサービスを創り出す

パフォーマンス向上トレーニングの実例

　2012年のロンドンオリンピックの招致委員長で、もと金メダリストのセバスチャン・コーは、招致成功に際してこう宣言した。オリンピックを史上最高の観戦体験にすると。ロンドンオリンピックでは、この理念が最後まで貫かれた。

　オリンピックに向けて、開催都市に課される仕事は多い。準備全般、会場の選定、インフラ整備、開会・閉会式の計画などを、すべて何年も前に終わらせておかなくてはいけない。その中で、この大会ではオリンピック史上はじめて、そうした準備チームに「観戦体験チーム」を加えた。オリンピックへの注目度の高さ、そして既存の古い施設も活用するという組織委員会の戦略を念頭に、チームは顧客のニーズはもちろん、リスクにも大きく注目した。たとえば、会場到着の遅れや会場の混雑といったリスクは十分に想定された。

　過去のオリンピック体験や、最高の体験を創り出してきた優秀な巨大イベントを分析すると、最高の観戦体験には2つの側面があるとわかった。1つめは、世界規模のスポーツ大会に期待されてしかるべき、いわゆる奇跡の瞬間。目の前で選手が偉業を達成したり、ドラマが起こったり、競い合ったりする経験は、まさしく奇跡の瞬間で、観客が期待する体験のハイライトと言える。一方で2つめは、もう少し地味だが、最高の体験にはこちらも欠かせないものだった。チームはそれを輝かしい基盤と呼んだ。人生に一度きりの体験も、ほんの些細な不満で台無しになったり、ぶち壊しになったりしてしまう。観客が行きたい場所へ時間どおりに辿り着き、気分転換をし、心を落ちつけて奇跡の瞬間を待てること。そして、問題なく家へ帰れること。それが輝かしい基盤だった。

　無数の観客を無数の会場へ導き、時間どおりに席へ着けるようにするのは簡単な仕事ではない。しかしオリンピックでは、最高の観戦体験と、なめらかで安全、かつタイミングのいい人の循環という2つを同時に達成しなくてはならない。そのためには、観客に高いパフォーマンスを発揮してもらう必要があった。彼らを刺激し、何かを可能にし、サポートする必要

があった。

　チームはまず、いくつかのツールを使って顧客のパフォーマンスを喚起した。たとえば過去のオリンピックの主催者から話を聞き、マイナースポーツでは、観客のルール理解が足りず、最高の体験に届かないという課題があることを把握していた。そこで、駅の待合スペースなどに、マイナースポーツのルールや醍醐味を解説した展示コーナーを設置した。それを見た顧客は、以前よりも観客としてのパフォーマンスに優れた、熱中度の高い顧客へと生まれ変わる。そして前よりも競技を断然楽しみ、テレビで観戦する回数も増えるようになった。

　集団行動の専門家や会場の責任者と連携を図り、さらにオリンピックを観戦した経験を持つ人から話を聞くことで、いちばん多い観客のニーズも判明していた。それは、目的の会場の自分の席へ、定刻どおりに辿り着くというニーズだった。チームはカスタマージャーニーを描き、観客が辿るジャーニーと、遭遇する可能性のある障害を把握し、視覚化していった。続けて、課題解決に必要な介入点を用意するとともに、観客が心の準備をできるようにした（たとえば、会場へ着いたあとも長く歩かなくてはならない場合があると知らせた）。介入点はチケットが手元に届いた日、つまり、観客が観戦の計画を練り出すまさにその瞬間をねらって設置した。大会の主催者は、会場へ入ってから席へ着くまでに何分ぐらいかかるかを知っているが、ほとんどの観客は知らない。だから出発が遅れれば、競技を見逃したり、焦って移動してトラブルを起こしたり、会場の売店に目もくれない恐れがある。そこでチケットを使った注意喚起という形で顧客とコミュニケーションを取ったところ、観客は移動の計画を立て、ちょうどいい時間にいい状態で到着することが可能になった。

　そして最後に、観客が予定どおりに動くには、現場でのはっきりとしたサポートも欠かせなかった。チームは、オリンピックで観客の心にいちばん残る部分はどこかを考え、そこに注力した。それは、競技そのものの外にいる運営スタッフ、つまり大会ボランティアだった。ボランティアはあらゆる会場に待機し、最高の観戦体験に寄与する高いパフォーマンスを発揮できるよう、観客をサポートするとともに、安全で手際のいい会場内の

誘導も行う。迷っている観客に道を教え、売店やトイレを探している人がいれば場所を教える。また、混雑しているエリアや順番待ちの列などの観客の盛り上がりに水を差すような場所では、熱っぽく語りかけて観戦意欲を刺激する。音楽ステージや映画上映用の大型ビジョンを駆使し、移動の流れもコントロールした。観戦体験を損ねないよう留意しながら、顧客のニーズに合わせて移動や待機を促し、観客のスムーズな流れを作り出した。

こうしてロンドンオリンピックは、最高の体験にして、街の大きな成果だという評判を手に入れた。しかし、大会が成功を収め、人々のための大会という印象を残せたのは、このようにスタッフと観客、両方の力があってこそのものだった。

> POINT
> 1 サービスが成功を収めるには、ビジネスと顧客の双方が高いパフォーマンスを発揮する必要がある。
> 2 サービスを、顧客のパフォーマンスを引き出すものと考えよう。
> 3 まずはビジネス目標と、その目標の到達に必要な顧客のパフォーマンスを考えよう。
> 4 顧客を刺激し、何かを可能にし、サポートすべきタイミングを割り出して、顧客それぞれの役割に合ったパフォーマンスを引き出そう。

新商品をうまく売り出し、生活に採り入れてもらう

ビジネスが新しい価値提案を行おうと思うのは、どんなときだろうか。新技術が登場したときや、自社にしかない機能を活用するチャンスが生まれたとき、あるいは競合他社の攻勢に対して守りを固めたいときもあるかもしれない。いずれにせよ、新商品の売り出し（ローンチ）にはかなりの

リスクがともなう。中でも重大なのが、新商品が多くを約束しながら、実際に提供される価値がそれに見合わないというものだ。製品が優れていないわけではないのに、サービスを使ったサポートが不十分なせいで、顧客へうまく価値を届けられない。こうしたリスクは、設定がうまくいかなかったり、生活に採り込めなかったりしたときによく生じる。

サービスデザインのアプローチを使えば、こうした新サービスの成功を妨げかねない落とし穴を避けることができる。サービスデザインでは、販売前の準備や設計段階を顧客視点でながめ、売り出しというコストが発生する行動へ移る前に、体験をテスト・検証する。何よりも大切なのは、どうすれば顧客の心をつかみ、新商品をうまく市場へ送り出せるかに集中することだ。

▼知っておこう

- 早い段階で、チーム内に顧客を強烈に意識する姿勢を作り出せていないと、顧客の失敗という悲劇を招く可能性が高い。しかもこうした失敗は、技術的・組織的制約が原因で、修正が難しい。
- 体験の以前と以後をデザインすることも、売り出し体験そのものをデザインするのと同じくらい重要だ。
- 売り出しの成功には、顧客による体験のシミュレートが欠かせない。

第 4 章　ビジネスインパクトをもたらすサービスを創り出す

手頃なコストで行える修正をすばやく繰り返して、体験を理想形に近づけていこう。

▽ **この項のねらい**

- 新製品やサービスの売り出しではまりがちな落とし穴の避け方を見つけ出す。
- 顧客と一体となった成功に欠かせない要素を体系的に見つけ出す。
- 顧客のアダプションジャーニーの描き方を学ぶ。

優れた売り出しとアダプションジャーニー

　市場に対して新しい価値提案を行うと決めたときに大切なのは、売り出しと採り込み（アダプション）のあいだで何をするかだ。誰が見てもすばらしい提案を作り、売り出し方も完璧だったのに、顧客が日々の習慣にうまく採り込めなかったばかりに投資に見合った見返りを得られないのは、珍しい話ではない。たとえば、革新的な決済アプリが猛烈な勢いでダウンロードされたとしても、やっぱりカードのほうがいいと思われてしまったら、投資はすべて水の泡だ。

　売り出しを成功させるには、新商品のベネフィットを事前にはっきり顧客へ伝えておく必要がある。新しいチャンネルパックを売り出すテレビ局が顧客へ伝えなくてはならない情報は、新しい外科手術を始めた病院よりも多い。相手が顧客にせよ、スタッフにせよ、振る舞いの変化には抵抗がつきものだ。だからこそ、その抵抗への対応を慎重にデザインすることが大切になる。

　決断に関する正確な情報は、ビジネスにとって何よりも貴重な財産だ。サービスへのニーズやウォンツを持つ人は黙っていても顧客になる。理論上ではたしかにそうかもしれないが、実際には、煩雑なフォームへの入力や決済のトラブル、認証の遅れといった小さなことが原因で、顧客は受け入れていたはずの商品にそっぽを向く。だからこそ、最初から最後まで見

込み客を導き、新商品を顧客の生活に馴染ませる体験をデザインしなくてはならない。そうすれば、見込み客が去っていく確率を減らせる。

　初回利用体験の重要性を認識できていない企業は多い。サービスによっては、最大で3分の1の新規顧客が、初回で期待した効果が上がらなければ二度と使わないという。顧客に新しい振る舞いを求める斬新なコンセプトの採り込みは、お馴染みの商品や他社の二番煎じの売り出しよりもはるかに難しい。そんなとき、最初の数分、数日、数週間の結びつきで生活へ馴染ませる、完璧な滑り出しをデザインできれば、顧客からの愛着や別の商品の購入といった見返りが得られるはずだ。

優れた売り出しとアダプションジャーニーをデザインするために

　サービスデザインを使えば、強力な売り出し戦略を立て、さらに初利用から習慣化への過程の中で、顧客がサービスと結びつき、愛着を感じる体験をデザインできる。新しい手法や製品、サービスを売り出す以前、途中、以後の体験を緻密にデザインできれば、第1日目から「わかってもらえる」可能性は高くなるのだ。

　売り出しや採り込みを顧客視点でデザインするには、まず、顧客の認知や判断に影響している**アクター**と**要因**を理解しなくてはならない。要因なら、たとえばケーブルTVの顧客には、ブロードバンド経由でテレビを視聴できる環境があるかどうかが大きな影響を与える。その影響力は、魅力的で手頃なチャンネルパックの比ではない。アクターなら、たとえばスポティファイ（スウェーデン発の音楽ストリーミング配信サービス）は音楽界の「製品中心型モデル」を叩き壊し、無数の企業が新規参入する（あるいは撤退する）下地を作った。このように、企業がコントロールできない外部のアクターや要因は、通常、サービス提供者本体よりも顧客の期待と体験に影響を与える。そのため、新サービスの売り出し戦略を立てる前に、顧客体験の文脈をアウトサイドインの視点で理解することが極めて大切になる。

第4章　ビジネスインパクトをもたらすサービスを創り出す

　実践では、消費者のライフサイクルを使って、各段階のアクターと要因をマッピングしていく作業が出発点になる。消費者のライフサイクルは、消費者の振る舞いと産業や業界との関係を局面や段階ごとに表したもので、普通4〜8年で循環する。たとえば携帯電話の顧客であれば、購入、利用、解約といった振る舞いが、業界との一般的な体験との関係で描かれる。そうした振る舞いに影響するアクターや要因を分析していくと、消費者の新商品に対する期待や、既存の体験との差のつけ方が見えてくる。

　それがわかったら、次は消費者のライフサイクル上に、顧客の「アダプションジャーニー」を描いていく。商品を最初に認知する瞬間から、サービスと安定した長い関係を築くまでの過程で創り出したい体験を、細かく考えていくわけだ。カギとなるのは、顧客がサービスの試用や購入、利用を決断する瞬間を正確に特定し、愛着を持った顧客(ロイヤルカスタマー)になってもらうのに必要な理想の体験をデザインすること。商品の性能を落としてでも、とにかく顧客に前進してもらえればそれでいいという考え方は、あとで業績に悪影響が出るのでやめたほうがいい。決済アプリの例なら、ただダウンロードをしてもらうだけでなく、アプリを使って最初の購入をしてもらうところまで進んでもらって初めて、投資に見合った見返りが得られる。

　アダプションジャーニーで大切なのは、顧客にとってそれが初めての体験だという点をしっかり認識することだ。はじめてなのは、試すことかもしれないし、購入や利用のこともあるだろう。たとえば、私たちはヨーロッパでは珍しいカークラブを作った経験がある。そのときわかったのは、初ドライブの手順を視覚化して示すと、採り込み率が上がるということだった。そこでクラブ加入のジャーニーを通じて、そのメッセージを繰り返し発信した。おかげで、顧客は初ドライブがどういうものかを予測できるようになり、初挑戦でも戸惑うことが少なくなった。

アダプションジャーニーをデザインする方法

1）決断までのジャーニーを描き出す

　顧客が変われば、振る舞いも変わる。アダプションジャーニーでは、

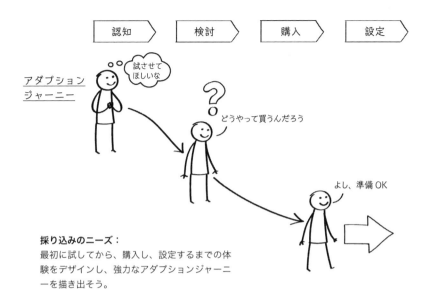

採り込みのニーズ：
最初に試してから、購入し、設定するまでの体験をデザインし、強力なアダプションジャーニーを描き出そう。

8割の顧客の旅の道のりを描き、どの顧客体験にリソースを注げば見返りが得られるかをはっきりさせよう。

2) **決断の以前、途中、以後で顧客が直面する障壁、ビジネスが得る機会を特定する**

採り込みや習慣化の過程で顧客がつまずきそうな場所を見つけ出したいときは、類似サービスに関する現行データを活用するといい。そこに、少数の顧客、あるいは顧客と直に顔を合わせるスタッフを対象とした定性調査やインタビューの結果を併せて分析すると、いちばん多い採り込みの障壁や、状況改善の機会がすぐさま浮き彫りになる。

3) **不要な障害を顧客体験から取り除く**

新しいカスタマージャーニーをデザインし、サービスの仕様が定まったら、不要なプロセスをすべて取り除き、わかりにくそうな部分

第 4 章　ビジネスインパクトをもたらすサービスを創り出す

は顧客に説明して、不満の種をすべて排除しよう。そして最後に、優れた確認のルーチンをデザインして、すべて順調であること、正しい選択をしたことを顧客に感じてもらおう。

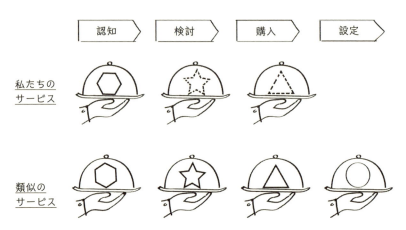

類似サービスとの比較：
類似のサービス体験との比較対照こそが、採り込みの課題解決へ至る近道になる。

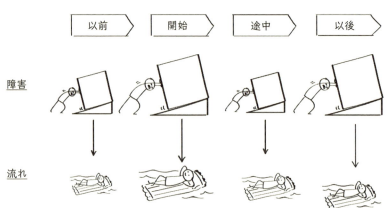

障害と流れ：
顧客が進みにくさを感じている箇所を特定し、どうサポートすればスムーズな流れを作り出せるかを理解して、採り込み率を上げよう。

売り出しと採り込みの成功の実例

　とある大手電気通信会社は、あるとき、革新的なモバイル決済サービスを始めようと決断した。プロジェクトの中心に据えられたのは、決済が劇的に明確化・簡素化するアプリのデザインだった。

　ところが、プロジェクトの初期段階で顧客にテストしてもらったところ、カスタマージャーニーの初期段階（「以前」の段階）で発生する致命的な問題を解決しない限り、アプリは間違いなく失敗することがわかった。たとえばアプリには、お金の使い道の追跡が難しいという欠点があった。そこで会社は啓発用のパンフレットを作り、携帯電話でお金を管理する方法を示すことにした。

　類似サービスの調査から、モバイル決済では、1回目の取引がうまくいかないと大半の顧客は二度目を試さないということもわかった。そこで会社は、業界をリードする「規格外の体験」をデザインし、顧客が確実に完璧な滑り出しを切れるようにした。設定プロセスでは丁寧に手順を手ほどきし、必要に応じてスタッフが直接サポートした。目標は、初利用の成功確率をできる限り上げることだった。

　そして最後に、企業は優れたアプリを作るだけでなく、研究開発の段階を通じて顧客とのつながりを保つ、一定のルーチンも確立した。顧客に新アプリの採り込みテストをしてもらい、生のフィードバックを手に入れる仕組みを作ったのだ。サービスのあらゆる側面を、プロトタイプやシミュレーションを使って顧客に試してもらい、顧客と一緒にアプリやパンフレットを検証しながら、個人情報の扱いへの不安といった大きな問題を売り出しの前に特定し、解消していった。利用開始から数週間のあいだの顧客との連絡ルーチンも確立し、サービス利用の失敗がおこらないようにした。そして、日々の生活の中で、サービスを存分に活用できるようにした。

> **POINT**
> 1　顧客体験に影響する、しかしビジネスにはコントロールできない

第4章　ビジネスインパクトをもたらすサービスを創り出す

アクターと要因を深く理解し、優れた売り出し体験をデザインしよう。
2. 重要な決断の場面を消費者のライフサイクルにマッピングし、採り込み率上昇につながる地点を特定しよう。
3. 決断へ至る流れをスムーズにする要素にリソースを注入しよう。
4. 初使用の**以後**の体験をデザインし、その後の長期的な採り込みにつなげることで、労力の見返りを得よう。
5. 顧客のアダプションジャーニーを描き、どこに障壁や障害があるかを理解しよう。
6. サービスを長く使ってもらうのに必要な要素について、チーム内に共通理解を確立しよう。

第5章

組織課題を克服する

顧客中心主義を使って組織を前進させる

　サービスを提供するのは組織だ。民間企業だろうと、公的機関だろうと、大企業だろうと小企業だろうと、それは変わらない。組織はさまざまな要素で構成され、それらが一体となって顧客や社会になんらかの価値をもたらしている。構成要素の分類の仕方はさまざまで、よく使われるのが、人間や業務、プロセス、方針、システムといった分け方だろう。それに加えて、この本では、部門や課という伝統的な分類も使っていく。
　巨大な組織は、大きな価値を継続的かつ効果的に創り出すために存在す

るし、その方法が信じられないほど巧みな組織もある。組織課題は、新しいことに取り組み、組織内に変化を起こす際の障害だ。そのとき、規模の大きさや構造、堅実性といった大組織の長所は、組織を前進させる足かせになる。

　多くの点で、顧客体験の改善や、サービスイノベーションのビジョンを描くこと自体はそう難しくない。ところが、それを組織内で起こすとなると難易度は跳ね上がる。サービスデザインは、彩り豊かな明るい未来を作るだけのものではない。歯を食いしばって変化を起こす泥くさい仕事でもある。

　サービスデザインのアプローチを使うと、顧客理解が深まる。そして、獲得したインサイトを使って顧客エンゲージメント（P.31参照）を実行し、戦略や計画に構造を与えられるようになる。顧客のストーリーを使って、組織内の各部門を連携させられるようになる。スタッフどうしが協力して密度の高い仕事をこなし、創造的でやりがいがある顧客のための仕事ができるようになる。サービスデザインは、顧客中心の考え方を組織に浸透させるツールを提供し、その実践の仕方を教える。そして、あらゆるものがすさまじいスピードで変化する社会の中で、組織も俊敏に前へ進んでいく方法を教える。

　この第5章では、サービスの変化に際して直面する、4つの組織課題を取り上げる。サービスという共通の目的に向かって、性質の異なる部門間に連携を生み、スタッフのエンゲージメント（P.35参照）を強め、顧客中心の俊敏な組織を作るにはどうすればいいかを見ていくとしよう。

内部の連携と協力体制を改善する

　新しい価値提案やサービスを市場へ持ち込むときに、いちばん難しいのは、顧客の求めに応じることではなく、組織の内部をどうまとめ、売り出しに向けた準備の態勢を築くかという部分だ。チームや報酬、プロセス、システムなどの要素からなる組織は、普通、各要素がバラバラに思考し、

振る舞う縦割りの構造になっている。そんなとき、顧客を中心に置き、顧客のインサイトを活用すれば、内輪の話し合いに外部の視点を持ち込み、顧客という1つの軸に沿って各部門の足並みを揃えられる。創造的なデザイン思考のプロセスを活用し、課題を分析して解決策を共創すれば、部門間の協力が促進され、連携が高まる。

　新しいサービスを創り、サービスを改善するには、組織変化が必要だ。そして変化を起こしたければ、最初に言い出した人間は仲間を集めなくてはいけない。新サービスの提供やサービスの改善には、複数チームの協力と、それぞれの明確な役割意識が必要になる。そして業務の進め方やプロセスを調整し、それらを部門間で連動させながら、一貫性のある、機能性に優れた業務を行うことが欠かせない。

▼ 知っておこう

- サービスはパーツごとにきれいに分解するのが難しく、要求仕様書やビジネス文書、プロジェクト実施計画書（PID）といった昔ながらのツールは、望みの体験を組織内に広く伝達するのには向いていない。共通のビジョンを生み、全員にサービスへの関わりや貢献を強めてもらうには、体験をシナリオの形で視覚化し、ストーリーを語る方法が有効となる。
- 裏方のチームの顧客体験への関わりは非常に大切だが、それができている組織は皆無だ。彼らをサービスデザインの過程に取り込めれば、コンセプトの改善案から裏方業務の効率化のアイデアまで、さまざまな意見を手に入れることができる。
- 協力と連携をすぐに生み出したいなら、優秀な中核メンバーとデザインツールが必要だ。適切な人材を集め、彼らの意見に構造を与えて、迅速な組織発展を実現しよう。

▽ この項のねらい

- 組織内に連携を生み、新サービスの提供やサービスの改善を成功させる方法を学ぶ。

第 5 章　組織課題を克服する

- 強烈なインパクトをすぐにもたらす協力の仕方を知る。
- 顧客体験を軸に各部門の足並みを揃える方法を理解する。

連携と協力

　サービスの成功は、各チームが連携を取り合い、最高のサービス提供に貢献できるかにかかっている。組織変化では、チームや部門間の協力や連携が欠けている、いわゆる縦割りの問題がいちばんの課題となることが多い。部門ごとに向いている方向や優先順位がバラバラで、顧客のニーズや期待が満たせていない状態だ。中でも、ITや法務といった重要な裏方の部門がサービスデザインに関わっていなかったり、求められている役割を誤って解釈したりしているときに、この問題は起こりやすい。結果として、顧客に余計な負担がかかったり、顧客の目標到達を妨げる無駄な障害が生まれたりして、最適な体験が実現できなくなる。よくわからないマニュアルを読まされ、煩雑な設定を強いられ、長々と待たされた経験はないだろうか。ITシステムは、顧客のための仕事を妨げる、お粗末な体験のまさに巣窟だ。新サービスを理解できていない現場スタッフが、説得力のある言葉で勧めたり、顧客の質問に答えたりできるはずがない。

　逆に、部門横断型のチームを結成し、チームどうしが支え合いながら顧客へ価値を届ける仕事に邁進しているビジネスは、さまざまな強みを持っている。明確な共通目的を持ち、役割分担もはっきりしているから、価値を効果的に生み出せる。共通の目的があるから、価値を届ける上での具体的な課題も把握できている。そして全体像を頭に入れながら、個々の課題の克服や見直しに集中している。部門間のインタラクション（P.28参照）が密になり、連携や協力体制が強化されれば、顧客に届ける価値も、ビジネスの実効性も増す。

協力してシナリオを作り、チーム間や部門間の連携を生む

　理想的な顧客体験や、顧客のライフサイクルのデザインは、役割や部門、課の連携を高める極めて強力なツールになる。さまざまな面から見て、ビジネスの各機能を貫く共通項は、顧客や価値をおいてほかにない。顧客のための価値創出に貢献していないものは無駄な仕事、悪くすると、顧客の目標到達やニーズ充足の邪魔をし、価値を損ねる仕事にさえなりえる。

　サービスデザインという困難なプロジェクトには、部門横断型のチームの力が不可欠だ。戦略家、作戦家、上層部、現場スタッフなど、さまざまな人材を網羅したチームを結成しよう。大切なのは、既存の上下関係はいったん忘れ、率直な意見を交わしながら協力するというスタイルに対して、明確な支持を得ることだ。それにはまず、顧客のニーズと期待に対する共通理解をチーム内に確立しなくてはならない。みんなで顧客調査を実施しよう。「事務方」の人間を、顧客の世界へ連れ出すのだ。そうやって実際の振る舞いのデータを集め、顧客の本当の体験を映像や文章の形にまとめた調査資料があれば、共通理解と顧客のニーズを軸にした連携が生み出せる。

　顧客のニーズや期待に関するインサイトが手に入ったら、次は優れたサービスが創り出す理想の体験のシナリオを描く。これは、サービスが達成するビジネス目標、そしてサービスに求める具体的なパフォーマンスと成果を意識したものでなければならない。シナリオに関係する主な部門をシナリオにマッピングすれば、各部門を体系的に捉え、それらがシナリオに果たす役割を話し合える。

　理想のシナリオが描けたら、今度はシナリオが各部門に与える影響を紐解いていく。マーケティング部、営業部、業務部、法務部といった各部門の活動を並置していくと、どの部門がいつ、何をしているかが見えてきて、理想の顧客体験につながっている活動、いない活動を話し合えるようになる。記録を取るのも大切なので、それにはサービスブループリントを使うといいだろう。サービスブループリントのしっかりした構造は、各部

門の役割を整理したいときに非常に有用だ。ホワイトボード等にブループリントを描き、共通認識や共通目的を確立しよう。そしてあとで、重点強化項目を文書にまとめよう。

さまざまな課題や機会が見つかるはずだ。大切なのは、それをしっかり把握して構造化する、つまり情報を基に行動のためのプロジェクト計画やロードマップを作成することだ。1回で理想の顧客体験が完璧に描けたり、変化に向けた組織課題がくっきり浮かび上がったりすることはおそらくない。目標とする体験と組織内の壁とのあいだを行き来しながら、調整を繰り返さなくてはならないだろう。このように、最初に全員でシナリオを作っておくと、個々の部門で具体的な作業にあたるのが格段に楽になるが、要所では再び全員で集まるほうがいいだろう。

シナリオを使って連携と協力体制を作り出す方法

1）顧客のストーリーを使って連携を生む

サービスデザインでは、顧客体験や顧客に届ける価値の共通理解を得るために、視覚化を活用する。シナリオを使って部門間の連携を高め、理想の顧客体験の提供へ辿り着くには、まず成功に欠かせない組織の構成要素を体験の段階ごとに明らかにし、続けて各要素が成功に果たす役割を、話し合いを通じて明確にしていく必要がある。

2）ビジネスのストーリーを使って連携を生む

理想の顧客体験と成功の必須要素が決まったら、今度はそれに必要な各部門の課題を分析する。ビジネスのストーリーを描き、誰が、いつ、何をしているかを明らかにしよう。すぐに解決するのが困難な課題も見つかるだろう。そのときは、顧客エンゲージメントのデザインを調整し、実現可能な体験を創り出せるようにするといい。

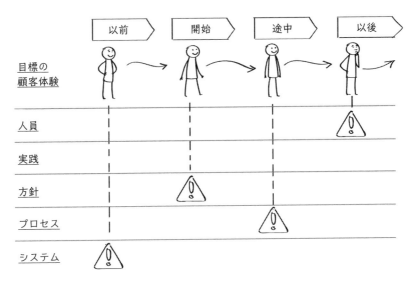

成功の必須要素：
シナリオという視覚化ツールを使い、理想の顧客体験と、それに欠かせない重要成功要因（CSF）を描き出そう。

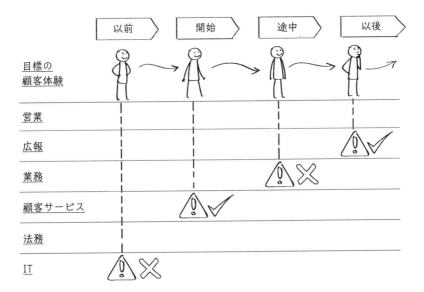

部門ごとの役割：
シナリオという視覚化ツールを使い、各部門が顧客のストーリーに果たす役割を描き出そう。

第 5 章　組織課題を克服する

シナリオを使った連携作りの実例

　とある銀行が、簡単でコストもかからない、新しい決済サービスを考案した。調査の結果から相当な需要が見込まれたが、まだ市場がないので、まずは商店にシステムを採用してもらわないことには、何も始まらない。そこで銀行は、採用率を一気に上げるべく、我々ライブワーク社に依頼を持ちかけてきた。

　銀行はその前に、広告という昔ながらの方法を試していた。お金をかけて街の各所にポスターを貼ったが、採用率は今ひとつ。となれば、新サービスの顧客体験の探究という、別のアプローチを試すほかなかった。

　銀行の支店や商店街で顧客の声を集めたところ、返ってきたのは、ポスターを見ても使ってみようという気には全然ならないという答えだった。原因は多岐にわたった。実際に支店へ行って申し込む必要があること、申込書類が複雑なこと、書類の承認に時間がかかること……。しかしこうしたインサイトが手に入れば、スムーズで優れた顧客体験をデザインするのはさほど難しくなかった。

　問題は、それをどう提供するかだった。実行に移すには、法務部門が契約の条件や条項を変える必要があった。IT 部門は支店の業務の進め方や処理の仕方等々を変える必要があった。そこで銀行は、各部門の代表を一堂に集め、「現在」と「あるべき」理想の顧客体験を共有し、「そのために各部門が果たすべき役割」を話し合った。そして 2 日をかけて、サービス浸透に向けた部門横断型の行動計画を策定した。成功の要因は 2 つあり、一箇所に集まって直接的に協力したことと、各部門のサイクルの各段階での役割を視覚化したことだった。顧客体験への貢献という視点で、彼らは業務改善のアイデアを出し、既存のやり方に疑問を呈していった。コスト削減案や、プロセスやシステムの改善案も出た。そして 2 日後、彼らは新たな戦略と行動計画を作りあげ、それを実行に移した。

POINT
1　顧客体験のシナリオを描くと、明確なビジョンに基づいた連携を

作り出せる。
2　部門横断型のチームを作ると、プロセスや業務のイノベーションが加速する。
3　サービスデザインのツールを使えば、連携を素早く効果的に生み出せる。
4　いったん部門間の連携が確立されれば、あとは具体的な課題に個々に取り組めばいい。

変化の過程にスタッフを関与、参加させる

　デジタルチャネルの登場、顧客体験の重要度の上昇、そして低コスト化の流れ。この3つのトレンドによって、サービス産業の人間は、働き方の変更を余儀なくされている。ほぼすべてのサービス部門の現場スタッフの役割や活動が、この3つに大きく影響されている。そして、ほとんどの人間は変化を歓迎していない。変化は不安や恐れ、疑念を生むからだ。いま大切なのは、変化にともなう課題を解消し、明快さや目的をもって疑念や

不安を打ち消すことにある。

　創造的で視覚的なストーリーテリングや、協力重視といった特徴を持つサービスデザインには、変化に対するスタッフの抵抗を減らす力がある。スタッフの関わりが深まれば、知識や経験、現場の常識という、彼らの持っている力も存分に活用できる。

▼知っておこう

- コンサルタントを介してスタッフの積極性を高めるやり方は、ほとんどの場合、理想的とは言えない。スタッフは、同僚や上司との関係に誰かが割り込むのを嫌う。エンゲージメントのプログラムを成功させたければ、中核チームを啓発するプログラムをまずデザインしよう。
- 戦略目標の中には、はっきり口に出すと逆効果になりかねない繊細なものがある。しかし内に秘めたままでは、「見て見ぬ振り」や暗黙の了解のままで終わってしまう。決まり事としてきちんと表に出そう。

▽この項のねらい

- 変化に関わりたい気持ちを創造的に引き出す方法を理解する。
- デザインを使ってスタッフのエンゲージメントを管理する方法を学ぶ。
- サービスデザインが数値として測定可能なアプローチであることを知る。

変化へのスタッフのエンゲージメントと参加

　ここで言うスタッフとは、顧客とのインタラクションが仕事に含まれるすべての人間を指す。営業マンに顧客サービス担当、出向エンジニア、アドバイザー、さらにはコンサルタント。役割はさまざまでも、顧客とインタラクションするという点では共通している。

　巨大組織では、スタッフの数も膨大になる。ある役割を、世界中で無数の人間が担っている場合もある。その全員を変化に関わらせるのは、並大

抵の仕事ではない。それでも、変化が求められていて、スタッフの役割も変わらざるをえないなら、その過程への彼らのエンゲージメントは不可欠だ。とはいえ、ただ変われと言うだけではなんの工夫もない。優れたエンゲージメントプログラムは、スタッフから情報やアイデア、フィードバックを引き出し、最適な変化を起こす。早くから変化に関わってもらうには、変えるべきもの、改善すべき部分を**直接**尋ねるのがいい。そうすれば課題と機会をしっかり把握し、対応策や解決策の質を高め、何より不安や疑念を打ち消せる。スタッフは自分が変化に関わっていることを感じ、途中で見つかった課題や対応策、下された決断を追跡できるようになる。

　これに加えて、スタッフが変化や改善、イノベーションに参加するようになると、非常に大きなメリットが生まれる。組織では普通、決断は上層部が下し、各部門には変更内容が伝えられるだけだが、このやり方だと、現場はまず間違いなく行き詰まり、やり直しを強いられ、場合によっては変化が完全に頓挫する。行政組織にとってはこれが大きな悩みの種で、政策を決定する面々と実働部隊とのあいだには、まったく別ものと言えるほどの大きな隔たりがある。しかし、現場の経験に基づいたスタッフの知識は、改善のヒントやアイデアの宝庫と言える。それに、計画やアイデアの叩き台としても現場は手軽で優れている。

　役割や仕事の減少が絡む変化では、ビジネスとスタッフのあいだの激しい綱引きも生じるだろう。そんなとき、事を内密に進めたいと思うのは自然なことだし、それが法律で求められる場合もある。だが、そんな労使の関係がこじれ、緊張感の高まった状況でこそ、協力的かつ自由で、スタッフのエンゲージメントをうながす創造的なアプローチが輝く。近道はない。勇気と信念を持って、これだと思う道を進むほかない。

スタッフと協力して創造的に、構造と枠組の中で変化に関わる

　それぞれの縄張りがある構造の中で、創造的な関わりを実現するには、スタッフに顧客中心のデザインプロセスを辿ってもらうといい。デザイン

第5章 組織課題を克服する

の過程は、チームが協力してインサイトを発見し、アイデアを出し、検証して解決策を導き出せるよう、いくつかの段階に分かれている。我々が採用しているのは、**理解、創造、デザイン、創作**という4段階だ。これを使い、変化の影響を受けるスタッフの役割を決めていく。

 理解の段階の目的は、顧客との関係、ビジネスとの関係の中でスタッフの役割を明確化することだ。カスタマージャーニーを描き、顧客体験についてスタッフと話し合えば、彼らが体験をどう捉えているか、どこに改善の余地を見出しているかがわかる。痛みを感じている地点も見つかるだろうが、それも貴重な情報と機会になる。

 また、スタッフにはビジネス議題と戦略も理解してもらわなければならない。コストや業績、競争の面での重圧があるなら、その情報を伝える。テクノロジーのトレンドがあれば共有する。競争に晒されているなら正直に言い、検討している新しいサービスの候補を教える。そうしたことを隠さずに伝えれば、ほとんどのスタッフは変化の必然性を理解し、態度を軟化させるはずだ。

 理解が得られたら、次は役割や活動の変化を創造する段階に入る。顧客やビジネスのニーズに応じて自分たちの役割がどう変わっていくかを、新しいシナリオの形でスタッフに描いてもらおう。役割の面から、新しいサービスを考えてもらうのだ。創造の段階が完了すると、ビジネスの変化に使える幅広い選択肢が手に入る。

 次に、シナリオをビジネスチームとともに修正し、次の段階へ持ち込める完成度の高いデザインに昇華してもらう。デザインの段階まで発展させることができれば、ロールプレイ空間や仮設のサービス環境といった、プロトタイプ環境でテストできる。将来の仕事や役割の感触がつかめるという意味で、このデザインの段階の重要度は非常に高い。

 こうした新たな業務モデルのデザインは、組織内のさまざまなチームが、さまざまな角度から取り組む仕事だ。技術面を担当するチームもあれば、業務面、環境面を担当するチームもある。この仕事を効果的に進めるには、各チームが定期的に現場の業務プロセスを確認し、チーム間で意見交換を行わなくてはならない。複数の選択肢を検討し、決断は透明でなけ

ればならない。簡単ではないし、時間も労力も要るが、やる価値はある。理想を言えば、現場スタッフからモデル作りに直に関わる人間が現れるのが望ましい。

エンゲージメントプログラムで重要なのは、明確な時間軸やコミュニケーション手段、解決策へ向かう流れを持った構造の中で進めることだ。自由かつ創造的で、同時にエンゲージメントや参加の形式が明確な構造が必要だ。すべてのスタッフがすべての段階に関わるのは難しくても、自分の声が代弁されていることがはっきりわかり、進捗が定期的に伝えられていれば、プログラムの信頼性は高まる。

スタッフの数が多く、勤務地が分散している場合、全員がすべての過程に参加するのは不可能だ。エンゲージメントプログラムの目的はそこではなく、それぞれが納得できる形で関わることにある。プログラムの中心には、変化の過程に深く関わる中核スタッフチームを据えて、プログラムの顔とする。かなりの人数に達することもあるこの中核チームが、勤務地や業務、役割ごとのチームとのエンゲージメントセッションに臨む。このとき大切なのは、中核チームと個別チームが共同でセッションを作りあげることだ。中核チームの人数が数十人から数百人規模に達するなら、このエンゲージメントセッションで組織のほぼ全域を網羅できるはずだ。参加者とその同僚とのあいだでコミュニケーションを取り合い、セッションの内容を伝達しよう。

デザインのプロセスを使ってエンゲージメントを強める方法

1) **創造的なエンゲージメントプログラムに構造を与える**
   スタッフのエンゲージメントに構造を与えるには、デザインプロセスによって明確な段階と、顧客とビジネスという基準を用意する。そうすればスタッフも、業務を理解し、新しい業務の進め方をデザインし、導入前のテストを行い、新方式を受け入れる過程を段階的に進んでいける。

第5章　組織課題を克服する

顧客とビジネス：
顧客やビジネスという因子を基準に自身の役割を考えることで、スタッフは変化への関わりというデザインのプロセスを進んでいける。

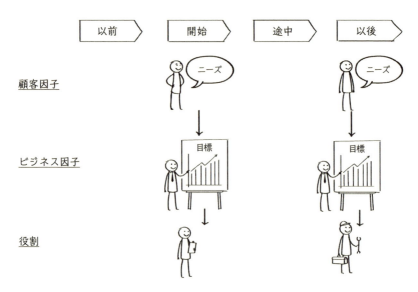

役割：
顧客やビジネス因子が理解できれば、顧客とのインタラクションにおけるスタッフの役割も明確化する。

2) **顧客やビジネスのニーズに対応する役割をデザインする**

エンゲージメントプログラムでは、スタッフは自らの役割をデザインするサービスのデザイナーとなる。これが交渉の過程であることを理解してもらい、顧客のニーズやビジネスのニーズとの対話をうながそう。そうすれば彼らも、新たな役割のストーリーを語ったシナリオを作り、役割が体験できる試験的な活動をデザインできるようになる。

変化へのスタッフの関わりの実例

　ある大都市の鉄道運行業者は、駅での業務モデルを刷新する必要に迫られていた。背景には、切符売り場の必要性を下げる新たなチケット技術、卓越した顧客体験を求める声、そして人員過多に起因する過剰な業務コストの削減ニーズという、3つの大きなビジネス因子があった。業者には非常に強力な労働組合があり、過去にストライキを起こしたこともあった。そのため、役割や仕事の変化は細心の注意を払って進める必要があった。

　取締役社長は、スタッフのエンゲージメントこそがカギで、それには新しいアプローチが必要だと感じていた。今までとは違う方法を採るとも宣言していたし、参加型のアプローチを欲していた。そこで、以前に駅のビジョン作りを手伝ったことのある我々ライブワーク社にスタッフのエンゲージメントに関するプログラムのデザインを依頼してきたのだった。

　我々はまず、現場スタッフとその上司からなる、エンゲージメントプログラム実行の中核サービスデザインチームを結成した。チームは、対面式のワークショップや、直接には関わらないスタッフとの対談形式のコミュニケーションプランといった、スタッフ関連活動をデザインしていった。

　各種の変更担当チームとも連携を取って仕事を進めた。技術チームや運営チーム、環境チーム、プロセス再検討チームなど、さまざまな角度から新たな業務モデルを構築しているチーム群だ。彼らと話し合いながら現場の意見を吸い上げ、価値の高い業務モデルを模索していった。

　チームは6カ月間で無数のワークショップを開催し、そこを通じて「理

解」、「創造」、「デザイン」の段階に直接関わったスタッフは、のべ800人以上にのぼった。2000人以上の全スタッフが、現地ワークショップの形で関わり、フィードバックはプログラムに反映された。

　こうしたプログラムを実施したことで、新しいモデルの受け入れのレベルや、スタッフ貢献度、導入や運用への積極性は大幅に増した。中核チームのメンバーの多くが、キーメンバーとして変更チームにも参加した。

POINT
1　スタッフには早い段階で変更プログラムに関わってもらい、貢献の時間を与えよう。
2　日々の仕事に関する現場スタッフのインサイトは、サービスのリデザインを行い、新しい業務モデルを導入する上で計り知れない価値を持つ。
3　デザインのアプローチを使ってスタッフの関わりを強め、新モデルへの理解と貢献度を高めよう。
4　非常に協力的なスタッフから、関係が緊張している業界団体まで、さまざまな相手を対象に参加型のエンゲージメント活動を行おう。

顧客中心の組織を構築する

　ある人が以前、こんなことを言ったのを聞いたことがある。「うちの組織はあまりにも複雑で、全体像を把握できるのはお客だけだ」と。顧客を第一に考えられない、縦割りの組織で働く多くの人間が、同じことを感じているのではないだろうか。

　顧客にとって大事なことという共通項に沿って組織をまとめられれば、ビジネス面で大きな見返りがある。ヴァージン、Amazon、ザッポスといった企業を見れば、真に顧客中心の組織を作り、愛着を強め、顧客と一体になったビジネスを進めるメリットがよくわかる。3社がほかと違うの

は、どこも創業第1日目から顧客中心の組織として始まっている点で、残念ながら、はじめからそうした利点を持っているビジネスはほとんどない。ほとんどの組織は、既存の（産業）組織から脱却し、焦点を製品やプロセスから顧客へ移し、顧客をすべての中心に置く仕事をあとから進めなければならない。

　サービスデザインは、顧客中心のビジョンを定め、それをスタッフや顧客という現実の状況に落とし込む強力なツールになる。あるときは視覚化を行い、あるときは驚くほど明白な真実を再認識させ、複雑な状況を整理する。インサイトを行動につなげて顧客戦略を立てる、つまり最もインパクトの大きな行動を特定できるようにもなる。

▼知っておこう

- 顧客中心の組織を作るには、その価値を真に理解する上層部の存在が欠かせない。上層部にそうした姿勢がない場合は、顧客のために目標を下方修正しよう。
- 顧客指向プログラムを実施し、組織の「常識」を打破しよう。さまざ

まな活動に顔を出し、通常の予算から活動資金を調達し、スタッフの参加の下で日常的な改善を行おう。これは特別プロジェクトではないのだ。
- 顧客中心主義の詳しい企画書を作るのは、時間の無駄なのでやめたほうがいい。業績アップのための簡単な企画書に人間のストーリーを組み合わせたものが、ステークホルダー（P.25参照）を説得する何よりの素材となる。

▽ **この項のねらい**

- サービスデザインのアプローチを使って顧客中心の組織を構築する方法を学ぶ。
- ビジョンを現実の顧客やスタッフに落とし込む方法を理解する。
- 組織をまとめるにはサービスデザインが非常に強力なツールになりえることを知る。

顧客をビジネスの中心に据える

　簡単に言うと、顧客中心主義とは、最高の体験の提供につながっているかを基準に明確なビジネス判断や優先順位づけを行い、そうした体験の提供に必要なリソースをスタッフに与えることだ。顧客中心の組織を構築するには、組織のあらゆるレベルのスタッフに顧客第一の考え方を浸透させる戦略判断と、その判断の強力かつ合理的な裏付けが必要になる。焦点を製品から顧客に移せば、影響はすぐさま広範に表れるが、それにはトレーニングに真摯に打ち込む姿勢、そして組織の業務の変化に対する覚悟が必要になる。

　顧客中心の考え方は、トップダウン、ボトムアップのどちらの方式でも醸成できるが、劇的な変化が起こりやすいのは、企業のトップが顧客重視の姿勢を打ち出したときだろう。CEO（最高経営責任者）が「これからはCCO（最高顧客責任者）を兼任する」と宣言すれば、それはかなり強力な

意思表示になるし、デザインのアプローチはリーダーが顧客体験への理解を深めるのにも適している。

たとえば、あるケーブルTV会社の経営陣は、顧客の実際の体験をビジネスと結びつけるべく、デザインチームにいくつかのセグメントにおける顧客の姿、声、インサイトなどを映したペルソナを作らせた。そしてそれらを使い、顧客満足度を高める方法を話し合った。市場調査の結果や、今後取るべき行動も検討したが、話題の中心は製品（チャンネルパック）の改善や価格の見直しだった。ところが、次の会議では驚きが待っていた。ペルソナは本物の顧客ではないということで、デザインチームが顧客を話し合いの場に連れてきて、経営陣に直に彼らの声を届けたのだ。その結果、チャンネルパックが顧客体験にほとんど影響していないことがわかり、経営陣は二重に驚いた。愛着度アップを妨げていたのは、設定のわかりづらさからくる強い不満だった。そのため顧客は、パックそのものを解約してインターネットのストリーミング配信に乗り換えようとまで考えていた。

こうして経営陣全員が、サービスにお金を払っている**本当の**人間に、どんな個別の体験が**本当の**影響を及ぼすのかを理解した。そして、顧客指向型へ移行し、業務を改善するのに必要なはっきりとした現状理解と切迫感、そして目的を手に入れたのだった。

顧客体験を第一に考えたビジネスを構築したいのなら、スタッフの「頭や手、心」を動かさなくてはならない。なぜビジネスは顧客のことを考えるべきなのか、なぜスタッフは必要なツールやスキル、知識を持つべきなのか、そして何より、なぜこのミッションに心から真剣に取り組むべきなのか。そういったことの明確な論理を示さなくてはならない。組織全体で顧客意識を高めるには、変化を管理する能力がさまざまに求められる。サービスデザインには、こうした能力を補完しつつ、組織内のステークホルダーの意欲を高め、顧客のインサイトを明らかにし、それをインパクトの強い行動につなげる力がある。

第5章　組織課題を克服する

顧客中心の組織を構築するには

　顧客指向のビジョンや戦略を実行するには、組織全体での行動（変化）が必要だ。サービスデザインは、顧客戦略立案の助けになる。インサイトに構造を与え、インサイトどうしを結びつけ、顧客のライフサイクル改善の行動計画を生み出し、視覚ツールを使って理想の体験を明らかにする。あらゆる部門やチームに、変化に関わりたいという熱意も生まれる。

　サービスデザインは、顧客体験を実際の人間に近い目線で理解し、話し合うための言語であり、ツールでもある。これを使えば、組織内のステークホルダーの変化に対する意欲は確実に高まる。カスタマージャーニーのような用語を使えば、スタッフが顧客体験を一歩一歩考えられるようになるし、サービスブループリントのようなツールを使えば、体験の提供の流れを俯瞰できる。

　幹部やリーダー、専門家がサービスデザインの基本を学べば、彼らの中に共通の足場や論理、ストーリーが生まれ、そこから理解をスタッフへ広げていける。大がかりな関わりを実現するには、こうした「顧客体験の識者」を務める大使のような役割を担う者の存在が重要になる。

　知識がある程度まで深まったら、次は顧客意識を高める行動を実行する段階に入る。みんなの手本になるような、小さくも強力な成果を積み重ねよう。

　顧客中心主義を体系的に確立するには、行動の前の確実な準備が肝心になる。足場が固まっていれば、そこを土台にして、顧客とともに成し遂げたいことの戦略を立てられる。

　そうした強固な土台の1つが、顧客のインサイトだ。インサイトの多くは、市場調査や顧客満足度調査、あるいは販売データ、業務データ、解約データといった既存のビジネスデータから見つかる。データはたいてい、組織の各所に散らばっているから、顧客のニーズやウォンツ、不満、問題の共通の画を描くには、いったんデータを照合する必要がある。

　定性的な顧客調査を実施して、定量データを補完するのもいい。データとはまったく異なる視点から、新たな振る舞いが覗ける場合もある。定性

調査には、具体的な人間のストーリーを描き出し、データに本物の体験という命を吹き込む力がある。各部門のスタッフを外の世界へ連れ出し、現実の状況の中で顧客を観察し、顧客から話を聞く機会を作れる点も、定性調査の大きな魅力だ。忙しい中でこうした直接的な調査を優先的に行うのは難しいかもしれないが、やってみれば必ずやスタッフの気持ちは盛り上がり、改善への想いは強まり、データの解釈は深まるはずだ。

　土台の2つめは顧客のライフサイクル、つまり、顧客の振る舞いを見つめるアウトサイドインの視点だ。顧客体験をサイクルの段階ごとにマッピングしていくと、体験への影響が最も大きい局面を顧客視点で見つけ出せる。何よりも大きいのは、これが顧客から見たビジネスの全体像を描き出し、組織内に浸透させる手段だという点だ。

　3つめが顧客のペルソナで、これは行動の基盤になる。ペルソナとは、一般的なニーズや多くの人が求める成果の基本ストーリーを使って描き出した、典型的な顧客像を指す。顧客中心で問題を解決したいとき、ペルソナはいい参考になる。会話の起点やきっかけになるし、「ジョンは本当にもっとお金を出すだろうか？」とか、「ウェンディーは本当に使うだろうか？」という質問の仕方なら、はっきりした答えも出しやすい。

ビジネスプランを立てる

　顧客のインサイト、顧客のライフサイクル、具体的な顧客のペルソナが手に入れば、顧客中心の戦略を立てられる。そして戦略があれば、顧客に高い価値を届けるためにビジネスがすべきこと、行動を起こすタイミング、そしてその方法を特定し、組織全体に伝え、優先順位をつけられるようになる。それができたら、次は顧客と一体となった成功の野心的な目標を定め、目標到達に向けた行動計画を立てる段階に入る。

　顧客のニーズとビジネスのニーズのバランスを取れない組織は多い。顧客のニーズが明らかでも、投じる労力に見合った見返りがあるかを判断するのは容易ではない。顧客体験の改善が報われるかを見極めるのはなお難しい。

　顧客のライフサイクルを使えば、表面的な課題の修正の奥にある、根本

第 5 章 組織課題を克服する

的な原因と結果の相関性が明らかになる。たとえば、請求段階での不満や混乱が原因で、解約率が上がっていたとして、わかりやすい請求のデザインが問題回避につながるとは限らない。正解は、サービス全体のリデザインを行い、購入の前段階を顧客にとって簡潔でわかりやすいものにすること。そうすれば売上は増え、混乱した顧客からの問い合わせは減り、手間いらずの体験が顧客ロイヤリティ（企業や製品、サービスなどに対して顧客が抱く愛着のこと）を高めてくれるはずだ。

サービスデザインのアプローチは、こうした**ホットスポット**の位置をはっきり示してくれる。ホットスポットとは、顧客にとっての体験の改善点であると同時に、ビジネスにとってのコスト削減と収入増の機会となる場所を指す。顧客のライフサイクルを見れば、サイクルのどの段階に（ホットスポットの）根があるかがよくわかる。問題の根は、往々にして発生場所とは別の段階にあるものだ。ライフサイクルには、インパクトの大きい介入点を特定して、問題を取り除いたり、特定の振る舞いを喚起したりして、業績に好影響をもたらす力もある。

ホットスポットがわかれば、介入に向けた組織課題が分析できる。各部門やシステム、プロセスにまつわる、金銭面、方針面、法律面、技術面の課題が見つかるだろう。こうして課題に目星がつけば、本当の改善コストも算出できる。

顧客のライフサイクルを使って行動を決定し、顧客が受け取る価値とその見返りとの釣り合いを判断できるようになれば、顧客指向の優れたビジネス戦略を立てられるはずだ。

明確な顧客戦略とビジネス戦略があれば、両者のためになる行動を組織全体で起こせる。これを確かな足場とし、解決すべき課題の明確な共有ビジョンを示せれば、変化への意欲を組織全体で高めることができる。

戦略の実行

サービスデザインが本領を発揮するのは、顧客中心の戦略を実行に移すときだ。サービスデザインには、サービス体験のデザインという過程を通じて、戦略と顧客の知識とを橋渡しする力がある。

わかりやすいのが、スタッフが使うシステムやプロセスの改善のデザインだろう。たとえばある会社は、非常に高度な顧客関係管理（CRM）システムを導入し、それをコールセンターのソフトウェアと統合した。ところが微細な顧客データが手に入るようになったにもかかわらず、顧客体験は一向に改善しない。そこでデザインチームは、顧客のインサイトを使ってスタッフとコンピューターとのインターフェースを作り直し、データに基づいた最高の対話が行えるようにした。労力は小さかったが、効果はすぐに表れ、顧客とスタッフ双方の満足度が上がった。

スタッフと顧客が一緒に具体的な解決策を考えられるという部分でも、サービスデザインを採用するメリットは大きい。顧客中心主義へ至る中で、共創は、スタッフが繊細な思考や行動に基づいて顧客体験を改善できるようになるという、大きな違いを生み出す。新サービスのプロトタイプやパイロットは、最高の介入点の実現につながると同時に、スタッフをやる気と活力に満ちた変化の支持者に変える。

顧客中心の組織を構築する方法

1）ホットスポットをライフサイクルにマッピングする

ホットスポットとは、カスタマーペイン（P.24参照）とビジネスインパクトを重ね合わせれば見つかる。カスタマーペインの度合いが高く、ビジネスにも著しい影響が生じているなら、そこは対処する価値のある重大なホットスポットということになる。

顧客中心の組織構築の実例

とある大手金融機関の上層部は、あるとき、「顧客こそが我が社の存在理由そのものである」との認識に至った。そしてそれを受けて、顧客中心の組織作りを最優先議題とすることを決めた。

彼らは顧客指向プログラムを作成し、CEOが上級幹部100名に召集をかけ、キックオフミーティングを開催して、顧客優先の方針を確認した。

第 5 章 組織課題を克服する

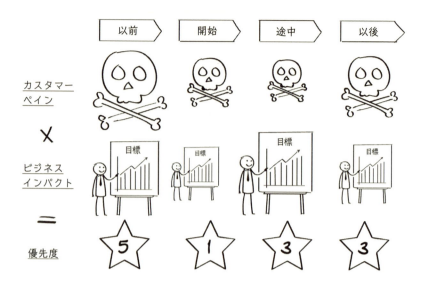

ホットスポット：
カスタマーペインとビジネスインパクトを踏まえた点数をつけ、ホットスポットの総合ランキングを作ろう。

参加者にはそれぞれ10人の顧客が無作為に割り当てられ、顧客に電話をかけて、会社に対する生の声を集めるよう求められた。多くの参加者が、顧客からの評価の高さを知ってうれしい驚きを覚えたが、同時に必ず解決しなければならない明らかな問題も浮上した。いずれにせよ、参加者はみな、顧客が何を評価し、何を評価していないかという個別の体験を手に入れた。そして顧客第一の方向性に具体性や個別性、明快さが生まれた。

さらに企業は、プログラム終了後も業績が伸び、持続的に成長していけるよう、次のような原則を定めた。

- プログラムの責任者は、極めて信頼の置ける企業内の担当者2名が務める。
- この2人が、各部門から顧客大使を選出して小さなチームを作る。
- 各部門は、いくつかの顧客体験の改善を実施する。
- すべての活動は通常の手順で予算を取得する。プログラム用の特

別予算はつけない。
- サービスデザインなどの特定の分野を除いて、外部のコンサルタントは入れない。
- すべてのチャネルについて、顧客満足度を測定する仕組みを作る。
- 顧客満足度の数値はチームやスタッフ間で共有し、トレーニングを継続しながら個人ベースでのパフォーマンス改善を目指す。

　次のステップは、顧客の不満につながっている些細な障害を徹底的に取り除くことだった。組織は2年かけて、183のサービス体験の改善を実施した。その中には、小さな修正もあれば、サービスの提供方法の根本的な見直しもあった。こうした幅広い活動に、ほぼすべての従業員が携わることで、組織の中に顧客体験の継続的な改善を目指す流れが生まれた。

　最高の顧客体験の提供には、企業のアイデンティティーに対する鋭い感性も必要だ。そこで企業は、顧客指向の枠組となる社内ブランディングプログラムを立ち上げた。包括的なトレーニングプログラムも確立し、明確な原則の下で、すべての従業員が顧客に違いを届けられるようにした。

　先の200近い改善に、こうしたプロジェクトを組み合わせることで、社外向けのブランド刷新の確かな足場ができあがった。そして、真に顧客指向の約束ができているという確信が得られた時点で、これまでの企業イメージを跳び越えるわかりやすい、起伏に富んだ、色鮮やかなプラットフォームを提示し、そこで人間のストーリーを語った。そうやって、ブランドとサービス体験が不可分の存在となった、真の「サービスブランド」に生まれ変わった。

　プログラム終了から4年後には、価値創出に全力を尽くす姿勢の証明も得られた。業界外の顧客満足度の全国調査で、70位台から10位以内へジャンプアップするという、金融機関としてはまれな快挙を成し遂げたのだ。卓越した顧客体験を称える数多くの賞を贈られ、企業の認知度も高まった。

　さらに重要なことに、体系的な調査から、業績への影響も証明された。顧客満足度が業界トップレベルにまで上昇していることが判明したのだ。

第 5 章　組織課題を克服する

企業は今も新規顧客を獲得し、顧客の愛着を長期にわたって維持している。財政面では、最高の満足を得た顧客は企業を信頼し、たくさんお金を落としてくれているという部分が非常に大きい。90パーセント近い顧客満足度を達成していることが、収益の形で報われているのだ。

POINT
1　小さな顧客指向の行動を無数に重ねることで、膨大なビジネス成果を生み出せる。
2　顧客指向は、売上や顧客の評価、愛着といった数字も改善する。
3　非常に高い満足を得ている顧客は、どれだけお金を払ってでも、気に入ったサービスを受けようとする。

組織の俊敏性を高める

　素早い変化には、俊敏さが必要だ。何かを素早く作り、試し、失敗し、学び、順応していくには俊敏さが必要だ。ところが、多くの組織は逆の造りになっている。堅実性や安定感を求め、着実で効率的な提供に力を注ぐ。そうした組織をフットワークの軽い俊敏な組織へ変えるにはどうすればいいのだろうか？

　サービスデザインは改善やイノベーションをもたらすが、それには変化と創造性が要る。創造性は、何か新しいものを作り出す能力を指す。課題に対処する構造と柔軟性の両方をもたらすという点で、サービスデザインは、巨大組織にこそ適したアプローチと言える。サービスデザインは、創造性と多彩な考え方をもたらす一方で、変化の可能性を整理し、優先順位をつけ、検討できるようにする。

▼知っておこう
- 多くの人は、何か大きなインパクトをもたらすには、難しい変化を起こさないといけないと考える。まずは簡単な解決策に集中しよう。そ

うすると、難しい課題がいつの間にか消滅しているという驚くような効果が生まれる。
- 俊敏さは、企業文化の問題、あるいは歴史の浅い企業の特権と思われがちだが、そうではない。大切なのは、上層部の後ろ楯を得て、目的を明確にした上で、プロセスを鈍化させる要素を排除することだ。CEO を仲間に引き込もう。

▽ **この項のねらい**

- ライフサイクルを使い組織変化のロードマップ作成方法を理解する。
- 変化をいくつかのレベルに分類し、レベルごとにスピードを変えながら、組織に変化をもたらす方法を学ぶ。

俊敏に動いて顧客の要求やテクノロジーに対応する

　巨大組織の多くは、顧客とともに何をしたいかという明確な指針を欠いている。あったとしても部門ごとにばらばらで、それは指針とは呼べな

第5章 組織課題を克服する

い。顧客のためになることをするのが組織の究極の目標だと考えると、これはなんとも異様な状態だ。

　多くの組織が、マーケティング部、業務部といった部門に分かれた縦割り構造を採っている。そして技術部、経理部、人事部といった別部門が、先の部門に何らかの機能をもたらしている。こうした構造は組織を安定させる一方で、俊敏性を損なう要因にもなる。変革プロジェクトは部門横断的なものでなければならないからだ。

　俊敏な組織とは、流動性と柔軟性を持って前進できる組織を言う。俊敏な組織は、市場や顧客の期待、テクノロジーへ巧みに、効率的に対応する。文化の話をしているのではない。決断を下し、新しいものを試し、失敗から学び、成長を続けていく習慣を作ろうと言っているのだ。

　俊敏性を高めるために、サービスデザインが組織にもたらせるものは2つある。顧客の要求への対応と、テクノロジーを使った要求の達成だ。

　経済が成熟した現在、顧客の要求の性質は変わってきている。以前よりも独立性や個性を重視するようになり、期待の源泉も、個別にカスタマイズされたサービスを求める気持ちに変わってきている。商品の価値、質、性能の情報が手に入りやすくなる中で、顧客は賢くなり、提供物が期待にそぐわなければ、鞍替えをし、不満を口にする。こうした顧客の変化に、巨大企業と行政サービスは対応できていない。多くが前時代の官僚的な構造やプロセスをいまだに使い続けているが、それは組織が強い力を持ち、信用され、厳しく評価されることもなかった前時代の遺物だ。顧客が以前よりも俊敏に移動し、選択する能力を手にしている今、サービス提供側もそれに追いつかなくてはならない。

　こうした顧客の進化と切っても切り離せない関係にあるのが、技術の進歩だ。さまざまなテクノロジーによって、顧客は必要なときに素早く情報を入手できるようになり、以前よりも賢くなった。テクノロジーの力を示す新しいビジネスモデルも生まれている。個人データの活用でサービスは個別化し、無数の人間に提供しながら、同時にその人オリジナルの体験を味わってもらうことも可能になった。個別化や柔軟性よりも、全体化や安定性をもたらすことを目的とした古い技術は、デジタルという新しい技術

によって難しい立場に追いやられている。

　リスクを避け、安定を求める環境ができあがった中で、俊敏性を高めるのは簡単ではない。サービスデザインは、リスクを評価、低減し、創造的なプロセスをコントロールしながら、顧客の求める方向へサービスを発展させていく。

俊敏なサービス提供

　組織の俊敏性を高める、つまり顧客のニーズの変化への対応力と新技術の応用力をつけるには、顧客に提供しているものと、その中でビジネスの各エリアが果たしている役割について、明確な共通理解を確立しなくてはならない。顧客にまつわるすべてをどれだけうまく提供できているかを把握し、顧客の目標到達の助けになっているかも確認する必要がある。サービスデザインは、こうした顧客と組織の関わりの全体像を描き出す。そして、いちばんうまくいっていない部分を明らかにし、パフォーマンスを改善する。

　それにはまず、顧客のライフサイクルを描かなくてはならない。ライフサイクルは、顧客絡みの諸々に構造を与え、分類する枠組となる。ライフサイクルを使ってシナリオを書き、アウトサイドインの視点でストーリーを語れば、顧客のニーズや体験、組織の提供しているものが視覚化する。顧客を惹きつけるために何をしているか。集まってきた顧客をどうサポートしているか。そこへライフサイクルの各段階と全体のパフォーマンス目標を測る指標を持ち込めば、顧客が重視している段階も明らかになる。こうしたライフサイクルの活用が、俊敏で対応力に優れたサービス改善、サービス管理への第一歩になる。

　それができたら、次は既存顧客と新規顧客のデータを使い、顧客のニーズに照らしてパフォーマンスの高い部分、低い部分をマッピングしていく。顧客のニーズは、**情報、インタラクション、取引**の3つに分類できる。そうしたニーズへの理解が深まれば、ニーズを満たすタイミングと方法が見えてくる。さまざまなニーズに柔軟に応えるいちばんのコツはそこ

にある。たとえば、情報のニーズ（商品の説明など）への対処は、簡単な取引（契約の更新など）への対応よりも難しい。このように、ニーズへの対応はものによってかかる時間に差があるが、最初に3種類に分類しておけば、スピードの差を踏まえて行動を起こせる。ここでのねらいは、ニーズを3種類に分割することで、変化のスピードも3段階に分けることにある。それができれば、情報量の改善のような簡単なニーズは素早く満たし、取引方法の変更では、時間がかかるという想定の下で作業を進めるといった柔軟な対応が可能になる。

　情報のニーズは、決断を下すとき、またサービスの契約や利用のコントロールを保ちたいときに生まれる。また、すべてが順調で、サービスが望みの成果をもたらしているという確証を得たいときにも、情報は求められる。情報不足が原因でサービスを理解できない顧客は、購入しなかったり、何度も助けを求めたり、満足度が低かったり、ほかの顧客の邪魔をしたりする。組織の言語を使い、インサイドアウトの視点で示される情報は、顧客には理解できない。これは大原則だ。たとえば、エネルギー企業の顧客は、キロワット時には馴染みがない。顧客の使っている言語を見つけ出すのは簡単で、顧客と話し、彼らがサービスやニーズについてどう話すかを記録して、顧客の声を手に入れればいい。エネルギーで言えば、顧客は科学的な指標ではなく、かかった料金を使って話をする。

　情報のニーズは、見つかりさえすれば、基本的にはすぐに満たせる。言語や提示方法を変えるという解決策もあれば、アクセスを簡単にして入手や理解を容易にするという方法もあるだろう。組織の核となるシステムやプロセス、方針を変更する必要はないので、難易度はかなり低い。また、テクノロジー万能の今、情報は簡単に拡散できる。ソーシャルメディアや集約表示サービスは、情報発信のための仕組みと言ってもいい。ニーズがわかれば3段階のアプローチの1つめに乗り出し、質の高い情報を提供できる。成果はすぐに、いろいろな形で表れるだろう。たとえば、顧客からの問い合わせが減れば、人的資源をもっと価値の高い活動へ集中できる。

　次に対応すべきはインタラクションのニーズだ。インタラクションとは、顧客と組織やビジネスの代理人とのやり取りを指す。たとえば相談

は、医療サービスから金融サービスまで、多くのサービスで発生する古典的なインタラクションと言える。インタラクションは、2つの面から、顧客がサービスの機能を自らに適用できるようにする。意思決定を助け、購入がサービスの具体的な中核価値の受け取りにつながるという確証を与えるのだ。インタラクションは、かつては対面が中心だったが、今では電話やデジタルチャネルへの移行が進んでいる。ぬくもりの必要なインタラクションは今も人の手で行われる一方で、単純なインタラクションは操作ガイドやフォーム、アプリなどに割り振られている。顧客が必要としているインタラクションは、顧客が新たに必要としている専門知識を特定すればわかる。サービスには、一般の顧客は持たない専門知識を要する部分があり、そこでは組織がインタラクションを使って顧客をサポートする必要がある。ニーズの大きさは、顧客のタイプによって変わってくる(私たちはよく、顧客の知識量でニーズの大きさを分ける)。こうしたインタラクションの地点をライフサイクルにマッピングしていくわけだが、中には、いったんインタラクションを使って啓発すれば、次回からは自力で満たせるようになるニーズもあるので注意してほしい。

　インタラクションは、情報提供よりも難しいが、組織のシステムや方針と固く結びついているわけではない。インタラクションを司るのは基本的にプロセスや業務なので、スタッフに教育を施せばニーズは満たせる。たとえば、メンテナンススタッフの訪問や、レンタカーの電話申し込みは、どちらも事前に対策を練れるニーズだから、スタッフは決まった手順やマニュアルに従ってインタラクションを行うだろう。それらは、再現性があり、顧客が重要な情報源(ボイラーの悪い箇所、車が必要なタイミング)となる。

　こうしたインタラクションの質は、核となる部分を変えなくても大幅に改善できる。メンテナンスなら、あくまで事務的に、黙々と仕事をこなして帰っていたところを、顧客に親身になり、作業内容や作業の経緯をわかりやすく説明するようにする。そうすれば顧客の満足度は上がり、場合によっては次から自分でボイラーの状態をチェックするようになって、派遣コストがまるまる不要になるかもしれない。組織の代理人が仕事をしやす

くなるツールを用意し、彼らが最高のインタラクションを行える方法をデザインしよう。

　最後に、取引や取引の進め方の変化に対する恐怖は、多くの場合、俊敏な組織への進化を阻む主因になる。あるシステム上での顧客の設定、あるいは決済や不履行への対処は、確実かつ安定して実行されなければならない。そうしたシステムが確立し、部門間の相互依存ができあがった状況で変化を起こすには、致命的な連鎖反応が怖いし、順応には時間も資金も必要となる。この究極の形が、過去の遺物的なシステムをめぐるジレンマだろう。ビジネスの自由な動きを制限する一方で、大きすぎて今さら変えられないシステム。まずいのは、こうしたシステムの構造（場合によっては混乱）が外部に波及し、顧客体験にも悪影響を与えているときだ。

　取引の改善は、ときに途方もなく困難なことに思える。変化の規模が大きくなれば、システムの刷新にともなう作業も膨大になるからだ。こうした状況を避けるには、取引を細かいステップに分割し、改善しやすいものから1つずつ対処していくといい。小さな改善だって好影響をもたらすし、それにこのやり方なら業務がすべて滞ることもなく、システム変更にともなうリスクも小さい。

組織を俊敏にする方法

1）俊敏な決断に構造を与える
　情報、インタラクション、取引という3つの分類を使うと、顧客の抱えるニーズがはっきりし、異なるスピードで進む三本立ての戦略を立てられるようになる。

俊敏な組織作りの実例

　巨大ビル用の設備（監視システムとセンサー）を作っている、ある製造大手は、あるとき部門の成長分野はサービスだと気づいた。市場が成熟し、製品の利幅が小さくなる中で、システムの保守や更新のサービスはま

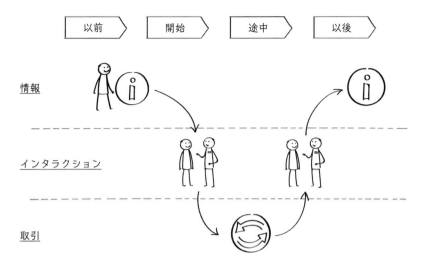

情報、インタラクション、取引：
デザインのプロセスの中にスタッフを置き、変化への関わらせ方を考えよう。

だ成長していて、利益も大きかった。

　競合他社が体験の質を向上させる中、顧客の要求と期待は高まっていた。現在の顧客基盤を維持し、解約率の上昇に歯止めをかけ、製品の質を強みとして築きあげてきた地位を守るには、状況に迅速に対応しなければならなかった。

　そこで企業は、我々ライブワーク社とともに顧客と向き合い、サービスに対する中核ニーズを理解し、サービスビジネスの改善・成長戦略を作成した。そして、顧客のニーズと見つけ出した機会を基に、新たな価値提案を考えた。

　提案はおおむね好意的に受け止められ、賛同も得られたが、ビジネスの現状を考えれば、組織の面での壁も多かった。戦略を実行するには、おそらく組織構造の抜本的な見直しが必要で、システムとプロセスの変更は避けられなさそうだった。ところが、上層部は以前実施した大規模な変更プロジェクトで痛い目をみて、及び腰になっていた。だから、大きな課題を細かくかみ砕き、小さな成果を積み重ねる必要があった。

第 5 章　組織課題を克服する

　そこで企業は、情報、インタラクション、取引という顧客のニーズの3つの分類を使い、それぞれのニーズを特定することで、前進する戦略を立てた。そしてまずは、大きな組織変化の必要がないニーズから素早く満たしていった。

　まずは情報のニーズだ。企業は営業チームを派遣して既存顧客の話を聞き、いちばん困っているのは、契約が理解できず、ニーズに合っているかわからないことだと突き止めた。そこでこの機会を活用するべく、顧客が自分のやるべきことを自分の言葉でまとめるのに役立つ、オンラインツールを用意した。おかげで顧客は、用意されている選択肢を把握し、サービスの機能も以前より有効活用できるようになった。

　企業は同様のアプローチを使い、販売センターをサンプルに業務の改善を行った。そして有効性が確認されたところで、改善の範囲を組織全体に広げていった。その結果、生きた改善や発展が行われ、組織の俊敏性は高まっていった。

　プロジェクトの最中は、改善のスピードを鈍らせる隠れた取引の課題に行き当たるのではという不安を抱いていたのだが、杞憂に終わった。取引の課題とされていたものの多くは、顧客の理解が深まり、情報とインタラクションの質が上がる中で、自然に消滅していたのだった。

POINT

1　情報、インタラクション、取引と、顧客のニーズに合わせて戦略を分けよう。

2　スピードに差をつけながら変化を起こし、素早く成果を挙げよう。

3　情報のニーズを満たせば、取引のニーズが自然に解消することも多い。

第 6 章

サービスデザインのツール

　この本では、ビジネス課題に取り組む際に役立つさまざまなツールを紹介してきた。この章では、その中でも特に使用頻度の高いものを取り上げ、少し詳しく解説する。そのほかのツールは、www.liveworkstudio.com/SDforB をご覧になっていただきたい。

第 6 章　サービスデザインのツール

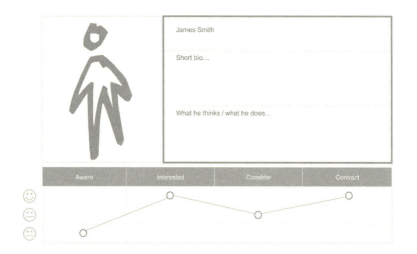

顧客プロフィール

　ビジネスは、多数の顧客にサービスを提供する業務モデルを持たなくてはならない。そして多数の顧客へ効率よくサービスを提供するには、プロセスや業務の標準化が必要になる。市場調査も基本は同じで、顧客を集団として分析することで、市場の規模を見極め、需要の大きさといった定性的要素に数値を与える。ところが、総体としての顧客にばかり注目していると、顧客の人間としての姿を見失い、個人として結びつくことを忘れてしまう。ビジネスは、個々の人間の体験や動機のインサイトも手に入れる必要があるのだ。

　そのための中核ツールが顧客プロフィールだ。これは、具体的なニーズや体験を備えた個々の顧客（B2C、B2Bを問わず）の簡潔な肖像で、社内の議論に顧客視点を持ち込むときには欠かせない。顧客プロフィールがほかの調査情報と違うのは、平均的な顧客像ではなく、具体的な顧客の姿や、本当の体験、ニーズが映し出されている点にある。

　顧客プロフィールは、簡単に評価し、把握できる顧客の解説書だ。素材はインタビューや対話、シャドーイング（P.75参照）などから得た顧客の

生の声となる。プロフィールには写真を貼り、インタビューで顧客が言った内容や、サービス体験の紆余曲折を書き込む。対象の人となりや人生観が覗けるインタビューや対話の要約でなくてはならない。

B2Bの顧客でも、作り方の基本はB2Cと変わらない。相手のビジネスの状況や性格、戦略上の優先事項などから、相手を表現すればいい。ただ、こちらはビジネスの「主なアクター」を明記することも大切だ。小切手の署名者やエンドユーザーを記載し、ビジネスの特徴を表したアクターの相関図を描こう。優先事項も記し、自社の商品がその優先事項や日々の業務にどう関係するかも大まかに把握したい。

顧客プロフィールを作る際は、自分が会ったことのある人を具体的に思い描こう。背景情報や置かれている状況から始め、相手が自社をどう思っているかを考える。今日まで相手が辿ってきたジャーニーに思いを馳せ、個々の体験（イヤな体験、うれしい体験の両方）にズームインし、何に価値を置いているかを探り出そう。

顧客プロフィールを作れば、顧客体験のインサイトを手に入れ、それを

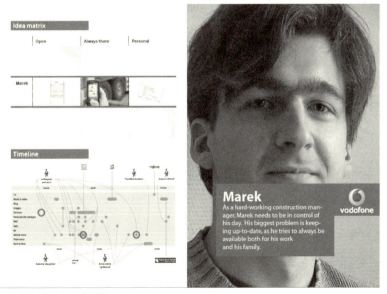

顧客のプロフィールの例

第6章　サービスデザインのツール

チーム内や組織全体で共有できる。デザイナーは顧客を念頭に置いてサービスをデザインし、本物の人間が大元にある人間味のあるサービスを作り出せる。

顧客インサイト

　ニーズや体験、振る舞い、動機といった顧客に関するインサイトは、サービスデザインに欠かせないキー情報だ。顧客のインサイトは、過去の体験や顧客の振る舞いに関するデータ、あるいは直接の対話や証言から手に入る。サービスデザインがほかの顧客調査と違うのは、顧客の生の体験や、顧客とサービスとのインタラクション（P.28参照）の詳細にこだわる点にある。

　顧客視点を実感するには、顧客インサイトが欠かせない。顧客のいちばんの不満や、仕事でどうしても必要なもの、理解不能な情報、理解しようとしてできなかった部分が特定できれば、サービスの失敗の経緯も見えてくる。サービスの顧客の世界での（たいていはかなり低い）位置づけは、

インタラクションに臨む顧客の時間感覚や注目点、理解度が表れた重要なインサイトであることが多い。データを超えたところにある人間の物語、つまり顧客のストーリーの素材にもなる。

インサイトはデータから取り出す。苦情のデータや顧客絡みの頻出課題を分析すれば、問題の所在がはっきりする。ただ、それがなぜ問題なのかはまだわからない。

そこで、さらに深く調べるために、苦情の発生したインタラクションを観察する。顧客はなぜ心配しているのか。不満はどのくらい大きいのか。そうした情報が、体験やその重要性についてのさらなる定性インサイトとなる。インタラクションを直に眺めれば、力学も見えてくる。

こうした簡潔な調査では調べきれない課題もあるだろう。あるいは、顧客とサービスの関係を長い目で見つめたり、体験を相対的に捉えたりしたい場合もあるかもしれない。それに、イノベーションの燃料にしたいのなら、顧客の満たされないニーズに関する外部のインサイトも集める必要がある。それには、顧客ともっと直接的に関わり、体験の特定の部分について詳しく話し合うことが大切だ。住宅購入市場に眠るイノベーションの機会を探りたいなら、住宅購入の過程での顧客の体験を理解し、満たされないニーズや、痛みの発生地点を特定しなくてはならない。

顧客をインタビューする様子

第6章　サービスデザインのツール

　それには、各段階の顧客のシャドーイングを行って体験の全体像を把握したり、最近その体験をした顧客に話を聞いて理解を深めたりするといい。カスタマージャーニーを活用して話を引き出そう。あるいは顧客本人にジャーニーを描いてもらったほうが、辿ってきた歩みや要所要所で感じたことを思い出しやすいかもしれない。

　インサイトはすべての顧客エンゲージメント（P.31参照）から手に入るが、情報は普遍性のある総体的な形に整理しなければならない。複数の顧客のあいだで繰り返されているテーマに目を向け、定性インサイトを定量データと照らし合わせよう。

　顧客のインサイトは、サービスの改善とイノベーションの両方をもたらす。どちらにつなげたいかによって、調査の方法を変えよう。改善なら、必要なのは細かな詳細情報だ。それを使って個々のジャーニーを描き直そう。イノベーションなら、必要なのは顧客の世界を外部の視点で理解することだ。

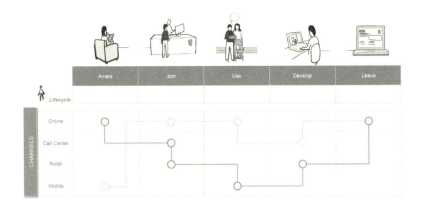

カスタマージャーニー

　カスタマージャーニーは、体験を顧客視点で描きたいときに使う。プロ

セスマップと違い、カスタマージャーニーでは、顧客に課された仕事や旅の途上でのインタラクションという観点で出来事を捉える。カスタマージャーニーは、顧客の体験を詳しく知り、微細なニーズを理解し、行程を改善したいときに便利だ。

　カスタマージャーニーには、サービスを利用する顧客の歩みが表れる。顧客との関係を構造化したライフサイクルとは違い、ジャーニーは顧客次第でさまざまに異なる。カスタマージャーニーは、訪問診療サービスの加入段階や利用段階など、一般的な体験の特定段階に絞って描かれることもある。実際の旅行を思い浮かべてほしい。列車の運行会社との長期的で広範な関係の中での、1回の乗車体験。それがカスタマージャーニーだ。

　大切なのは、体験を顧客視点で理解することだ。情報が多ければ、出てくる意見も的確になる。そうやってみんなで想像しながらジャーニーを描いたら、今度はシャドーイングやインタビューを実施してジャーニーを検証しよう。

　そのジャーニーをよく理解している専門家に見てもらうのも大切だ。ジ

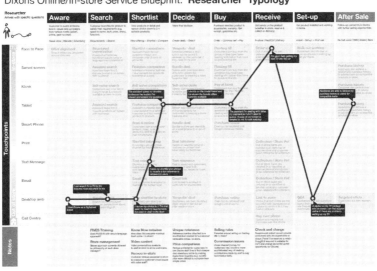

顧客のライフサイクルの一例

ャーニーには、顧客に自覚はないが、体験に影響している側面がある。アプリケーションの処理や日程の調整などが典型例だろう。

顧客の言葉でジャーニーの道のりを描き出すと、顧客と体験について、わかりやすい言葉で話し合えるようになる。顧客を念頭に置いてカスタマージャーニーを使えるようになる。

ジャーニーが描けたら、今度はそこに構造を与える項目をマッピングしていく。顧客のニーズや痛みという定性データから、満足度指数の低下率という定量データまで、調査で得たデータを書き込んでいこう。ジャーニーの途中で行った顧客エンゲージメントも、タッチポイント（P.46参照）やチャネルの形で配していく。こうした情報を活用して構造を持ったジャーニーが作れれば、改善やイノベーションのシナリオや理想のインタラクションが描き出せる。

カスタマージャーニーは、段階的な動きとして顧客体験を理解し、改善するためのものだ。顧客の言葉を使えば、アウトサイドインの視点で新しいシナリオを作り、効率的なジャーニーの進行を妨げている要素を特定できるようになる。

顧客のライフサイクル

顧客のライフサイクルは、ビジネスと、ビジネスの中での顧客の位置づけを理解するための戦略ツールだ。顧客の振る舞いのトレンドの理解や、顧客中心戦略の立案まで、数々の分析を行うための枠組でもある。

顧客のライフサイクルには、業界との関係の中で顧客が辿る局面や段階が描かれる。ライフサイクルのどこかの段階で、なんらかのビジネス（たとえば自動車保険）と関係を結んだ顧客は、認知や検討から購入や署名、初期設定、生活への採り込み、最後は再検討や離脱と、関係の局面を進んでいく。

この本で何度も言ってきたことだが、顧客のライフサイクルには一定の構造（リズム）がある。基本は**以前、開始、途中、以後**という4つの段階

> **Human lifecycle**
>
> How my life, work and leisure activities, home life, cultural context, emotional and practical needs

> **Consumer lifecycle**
>
> How I interact with other brands, services organizations or people that impact on my perceptions

> **Customer lifecycle**
>
> My perception and experience of entering into arrangements and agreements with a business

> **User lifecycle**
>
> How I use and experience a service

顧客のライフサイクル

　で、これはどんな関係にも応用できる。細かな局面や使う言語は業界によって多少異なるかもしれないが、基本構造は不変だ。購入の検討や設定、使い方の変更、アクシデントへの対応のニーズを無視したサービスはあり得ない。

　顧客のライフサイクルが、ビジネスのさまざまな懸案事項を記した強力な共通の枠組である以上、きっちり検証した上で、組織内に広く浸透させることが大切になる。専門家や部門を横断するチームによる検証ワークショップを開催し、理解度は十分か、局面や段階は納得のいく最新のものかを確認しよう。そしてそれが済んだら、明快な言葉で組織内に広く浸透させよう。

　顧客のライフサイクルは、顧客体験やサービスデザインの背骨だ。この枠組があれば、組織内のさまざまな業務が連動し、作業の引き継ぎもスムーズになる。何より、課題や機会を正確に分析できるようになる。

第6章 サービスデザインのツール

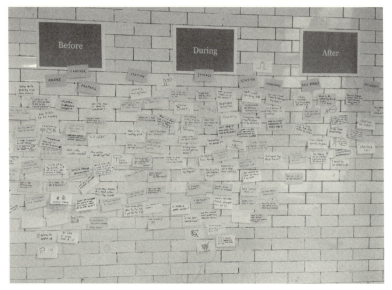

作成途中の顧客のライフサイクル

クロスチャネルビュー

　チャネルの連携のさせ方は、サービスをデザインする際のとりわけ重要な検討事項だ。無数のチャネルをどうまとめれば、顧客のニーズを満たすサービスを提供できるのか。チャネル間の移動をサポートする、あるいは効率のいいチャネルへの移行を促す方法は何か。そうしたことを知りたいとき、チャネルをまたいだ全体像をカスタマージャーニーと組み合わせたものは、総体的かつ戦略的な画を描き出すための強力な視覚ツールになる。

　クロスチャネルビューは、顧客のライフサイクルやカスタマージャーニーに、チャネルを「プールのレーン」としてマッピングしたものだ。そうやって配置すると、各チャネルで起こっていることや、チャネルどうしの関係が見えてくる。

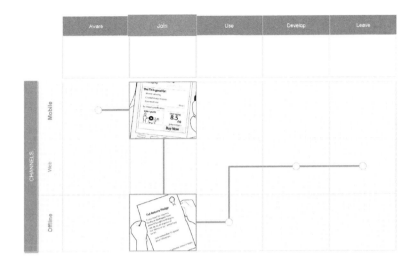

　クロスチャネルビューを作るには、まず、検討に値するチャネルを見極める。今使っている、あるいはこれから使いそうな顧客エンゲージメントの手段はなんだろうか。対面、ウェブ、モバイル、電話、それとももっと別のものだろうか。小売店や医院、教室といった場所もチャネルだ。わかりにくくなるのを避けたいなら、人間とデジタルという大まかな分け方でいい。人間の手が必要なチャネル、デジタルなインタラクションに任せてしまっていいチャネルをそれぞれ書き込んで、両者の連携のさせ方を考えよう。

　クロスチャネルビューは、**現在**の状況と**あるべき**将来のデザイン、あるいは両者のギャップも明らかにする。**現在**の状況は、顧客が今使っているインタラクションをすべてピックアップすれば描き出せる。現状が把握できれば、顧客が移行に手間取るチャネル間の空白地帯が見えてくる。**あるべき**姿をデザインすれば、チャネルの理想的な連携がはっきりする。

　忘れてはならないのは、顧客はタイプごとに異なるチャネルのニーズを持っているということだ。顧客の置かれている状況や、技術的な知識のレベルやそれに関する自信の度合い、など特定のタスクに臨む際のサポートの必要度によって、ニーズは異なる。さまざまな顧客が歩むそれぞれのジ

第6章 サービスデザインのツール

クロスチャネルビューの一例

ャーニーを、チャネルどうしを線でつなげることで明らかにしていこう。

このように、チャネルの配置とチャネルどうしのつながりを視覚化するクロスチャネルビューは、複数チャネルの配されたサービスを管理するのに便利だ。これをカスタマージャーニーや顧客プロフィールと組み合わせれば、課題を特定し、手持ちのチャネルを有効活用するための戦略を立てられる。

サービスシナリオ

劇的なイノベーションにせよ、段階的な改善にせよ、変化を起こしたいのなら、まずはビジネスにとって、何より顧客にとって、どんな状況が望ましいかをはっきり思い描かなくてはならない。そして、そうした未来へ到達するための選択肢を明確にし、明確な状況把握に基づいて意思決定を行わなくてはならない。

サービスシナリオは、そうした将来の選択肢や、将来の目標を明確化し

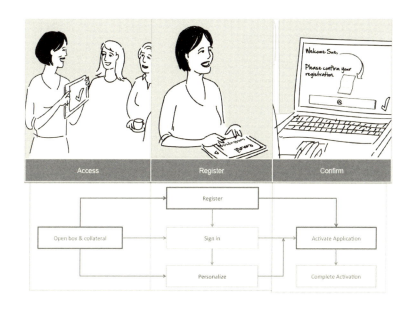

たいときに、計り知れない価値を持つ。サービスシナリオには、将来の顧客体験、そしてそれがビジネスと業務に与える影響を描き出し、選択肢と目標をはっきりさせる力がある。

　サービスシナリオは、顧客のサービス体験の一部始終を記したストーリーだ。たとえば、未来の列車の新しい移動体験などだ。もっと具体的に、新技術の採り込み体験を考えてもいい。シナリオは物語だから、明確な状況設定、登場人物（顧客、スタッフ、ブランドなど）、そしてきっかけが必要だ。状況設定はストーリーの発端となる。たとえば成長産業の新規顧客なら、購入の前に新しい技術を試してみたいと思い、そこからストーリーが動き出す。セリフや絵コンテを活用し、場合によっては顧客のニーズの満たし方を解説した動画を作って、シナリオに命を吹き込もう。

　シナリオは、将来のサービスの候補を探るのに使える。シナリオを作ると、各種のビジネス戦略が顧客体験にどう影響するか、顧客のタイプによってサービスにどんな違いが生まれそうか（たとえば、通勤客用の列車サービスと旅行者用の列車サービス）が見えてくる。それが見えれば、さまざまなニーズに対応したサービスを創り出せる。

第6章 サービスデザインのツール

　シナリオは、最初のコンセプト作りから仕様の完成まで、サービスデザインのあらゆるプロセスに活用できる柔軟なツールだから、場面場面で議論し、検証しながら調整を加え、長く利用してほしい。最初は変更の利くラフスケッチにとどめ、予定の具体化に合わせて細かな部分を書き込んでいくといいだろう。

　スタッフやパートナーの変化への熱意を高めたいときにも、シナリオは貴重なツールとなる。パートナーや上層部と戦略を話し合うとき、現場スタッフを業務の変更過程へ関わらせたいときに使ってほしい。生き生きとしたシナリオがあれば、彼らの心に訴えかけるのも楽になる。

　このように、サービスシナリオは、将来の選択肢を顧客視点で創造的に検討したいときや、他者の心を素早くつかみ、お墨付きや協力を得たいときに力を発揮する。

サービスシナリオの一例

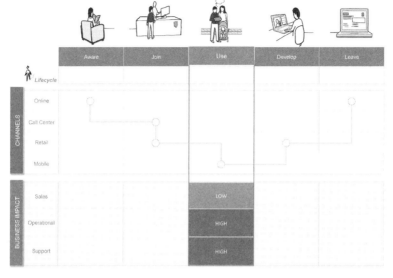

組織インパクトのダイヤグラム

組織インパクト分析

　顧客由来の変化は、どれもサービスを提供する組織に影響を及ぼす。それを理解しないままサービスをデザインしても、変化の複雑さを理解できていない以上、なんのインパクトももたらせない。賢明な選択を下し、数値上のインパクトをもたらしたいなら、創り出したい体験のデザインと、組織構造や組織の機能をつなげなくてはならない。

　変化が組織に与える影響、すなわち「組織インパクト」を分析するために、サービスデザインでは、顧客体験と体験提供の仕組みを直接つなげる。チャネルのときと同じ要領で、プールのレーンを使ってビジネスの機能や構造を分けて並置すると、顧客の変化が組織にもたらす影響が見えてくる。

　カスタマージャーニーが描けているなら、そこにレーンを用意して組織のさまざまな側面を割り振ろう。こうすると、組織の機能とその構成要素

第6章　サービスデザインのツール

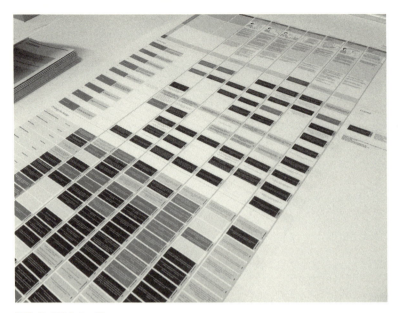

組織インパクトの一例

　が見えてくる。たとえば、設定という顧客体験には、新規顧客の加入を可能にする機能が関係していて、そしてこの機能は、プロセスやシステム、スタッフ、方針（ビジネスの決まりごと）などで構成されている。分類して調べるのは、その機能の成熟度や強力さと、機能を使った顧客のニーズの満たし方の2つだ。また構成要素を分析すれば、課題が特定の部門やプロセスに根ざしたものなのか、それとも複数要素にまたがるものなのかを明らかにできる。

　新サービスやサービスの改善をデザインする際は、部門横断型チームでこうした分析を行うと、新しく必要な機能が明らかになる。必要な機能がわかれば、その情報をリソース配分の計画やロードマップ作りに生かすこともできる。

　組織インパクトを調べるときには、組織を性質ごとに分けるよりも、営業やマーケティング、運営、顧客サービスといった部門や課ごとにレーンを分けるほうがわかりやすいだろう。この方法は、ステークホルダー（P.25参照）やスタッフの変化へのエンゲージメントの度合いを分析し、

変化がどれくらいコントロールできているかを知りたいときに便利だ。たとえば、変化が法的な影響をもたらすことをあらかじめ把握できていれば、法務部を早い段階でプログラムに加え、達成目標に向けた話し合いに加わってもらえる。あとで声をかけたものの、十分に関わる時間がないという事態は避けたいものだ。

　組織インパクトの分析は、新しいコンセプトを組織へ持ち込み、ビジネス機構の変化という難題を乗り越えるには欠かせない作業だ。分析はいちど行ってそれで終わりではない。リアルタイムで何度も行い、スタッフどうし、サービスの流動的な構成機能どうしの対話を促さなくてはならない。

創造的なデザインワークショップ

　ワークショップは、たくさんの従業員が集まって1つの仕事に取り組む

際によく使われるツールだが、サービスデザインでは、共創型ワークショップというオリジナルのワークショップを開催する。プロジェクトのあらゆる段階で開催し、参加者が構造的かつ創造的に作業を進められるよう視覚ツールやテンプレートを使う。浮かんだ考えやアイデアを逃さないためにも、テンプレートは便利だ。ワークショップでは、AからBへというように順番に、具体的な作業を1つずつ終わらせていく。これから紹介する4種類のワークショップを、プロジェクトの進行度に合わせて使い分けてほしい。

理解のワークショップ

　理解のワークショップの目的は、問題や機会の共通理解を生むことだ。顧客やサービスの利用者に焦点を当て、彼らの体験やニーズについてわかっていることを挙げていこう。理解のワークショップは、イノベーションの機会を探り、改善点を洗い出すのに使える。目的がイノベーションなら、新たな機会として顧客の満たされないニーズを特定する。改善なら、現在の顧客体験を分析し、優先的に介入すべき地点を見つけ出す。

創造のワークショップ

　創造のワークショップでは、共通理解を基に、全員でサービスのシナリオを作る。創造的なセッションを繰り返し、イノベーションや改善のコンセプトを確立しよう。視覚化やストーリーテリングを使ってアイデアに命を吹き込むのもいい。
　創造のワークショップは、多彩な参加者からアイデアを募る大規模なものになる場合もあれば、中核チーム内でのコンセプト確立を目的とした小規模なものになる場合もある。いずれにせよ、目標は顧客のインサイトとビジネス目標を基にコンセプトを確立し、それを明確な目的や基準に照らして評価することだ。

ワークショップの様子

デザインのワークショップ

　デザインのワークショップでは、コンセプトを具体的な顧客体験としてデザインする。シナリオを使い、体験提供の方法を考える作業が中心になるだろう。サービスブループリントを使えば、チャネルや組織内のさまざまな部門が網羅された全体像を描き出し、それを使って共通理解をえることができるだろう。

　こうした表舞台の状況（顧客体験）だけでなく、舞台裏の状況（ビジネスに求められる機能）を考えることも大切だ。組織内の各部門の責任者や、各種サプライヤーに同時に参加してもらえば、一貫した明確な共通認識が得られるだろう。

創作のワークショップ

　創作のワークショップは、新たな顧客体験の市場投入プロジェクトや、サービスの更新プロジェクトをコントロールするためのものだ。こうした

第6章 サービスデザインのツール

複数の部門が絡むプロジェクトでは、ガイドつきのセッションを通じて、各部門の成果の相乗効果を生み出し、理想の顧客体験やビジネス目標が意識されているかを定期的に確認することが大切になる。プロジェクトが当初の予定通りに進むことはまずないし、途中で修正する作業はどうしても必要になる。そんなとき、複数部門にまたがるチームを組織できていれば、ベストな解決策を提案できる。

　サービスのデザインの変更点を組織内に通達し、ITやプロセスデザインといった、他部門に何らかの機能を与えている部門が戦略要件や顧客体験目標に沿って仕事を進られるようにするために、創作のワークショップは必要なのだ。

謝辞

　本書の製作に欠かせない役割を果たした、下記の方々に感謝申しあげます。ライブワーク社のスタッフのみなさんは、退職したか、現在も在職中かにかかわらず、その仕事ぶりと創造性で私たちのビジネスと業務を成長、発展させ、また手がけたプロジェクトは本書の素材となりました。ライブワーク社のクライアントのみなさま（こちらも過去、現在を問わず）は、我々に課題を与え、フィードバックを提供してくださり、おかげで私たちはビジネス向けの書籍を執筆することができました。家族は深夜の執筆に耐えてくれました。ワイリー社のチームは、我々の欠点を埋め合わせてくれました。メリッサはすばらしいイラストを提供し、マークはジャンプしてくれと頼めば「お望みの高さは？」と言ってくれました。そして最後に重要な人物を1人。ウェンディーの夢のような編集の腕がなければ、この本はもっと圧倒的に読みにくいものになっていたでしょう。

索引

英数

3つのトレンド　20
3つの枠組み　33, 69
B2B　15, 21, 43, 44, 54, 63, 109
B2C　15, 43
CCO　162
CEO　26, 162, 171
CRM　49
IDEO　29
KPI　74
SME　15

あ

アウトサイドイン　23, 24, 64
アウトサイドインの視点　42, 55, 63, 73, 75, 173
アクター　44, 63, 64, 109, 111, 139, 181
アダプションジャーニー　138, 139, 140
以後　31, 36, 40, 69, 85, 89, 129, 132, 141, 144, 186
以前　31, 36, 37, 69, 85, 89, 110, 112, 129, 186
痛み　24, 84, 103
インサイト　23, 27, 28, 182
インサイドアウト　24, 90
インサイドアウトの視点　66, 174
インタラクション　28, 31, 35, 42, 46, 48, 59, 76, 106, 118, 121, 124, 173
インタラクションのニーズ　174
動き　34, 35
内と外の綱引き　67
エレベーターピッチ　98
エンゲージメント　35, 88, 91, 154, 157
表舞台のチャネル　31, 32

か

開始　31, 36, 38, 69, 89, 110, 129, 130, 186
革新的なコンセプト　99
革新的なビジネスコンセプト　106, 107
カスタマージャーニー　31, 32, 35, 41, 44, 91, 119, 184

200

カスタマーペイン　24, 84, 167, 168
技術のトレンド　22
奇跡の瞬間　73, 74, 80, 134
規模と効率の綱引き　67
行政サービス　21, 38, 40, 106, 172
共創　29, 30, 167, 196
クツプラス　99
クロスチャネルビュー　188
経済のトレンド　20
検討　54, 65, 69, 75, 76, 77, 141, 186
構造　50
構造化インタビュー　76
購入　37, 48, 49, 54, 69, 75, 77, 78, 128, 141
コールトゥアクション　98
顧客イノベーション　96, 99
顧客インサイト　182
顧客エンゲージメント　31, 34, 68, 87, 89
顧客エンゲージメントの装置　69
顧客エンゲージメントの定義　89
顧客エンゲージメントのデザイン　92, 150
顧客エンゲージメントの理想形　90
顧客関係管理システム　167
顧客推奨度数　72
顧客体験　29, 44, 56, 60, 72, 74, 80, 90, 98, 118, 150, 163, 181, 187, 191, 193
顧客中心の考え方　25, 146, 162
顧客中心の組織　160, 164, 167
顧客提案のイノベーション　98, 103
顧客の行動原理　66
顧客の視点　23, 26, 31, 56, 75, 129
顧客のストーリー　69, 70, 71, 76, 80, 150,
顧客の選択　45
顧客のニーズ　25, 28, 31, 46, 50, 90, 116, 118, 132, 173
顧客のパフォーマンス　125, 126, 128, 132
顧客の不満や失敗　80, 82, 85
顧客の振る舞い　27, 63, 66, 70, 119, 182, 186
顧客の目標　66, 75, 87, 89, 119
顧客のライフサイクル　41, 54, 83, 112, 149, 185, 186
顧客プロフィール　180
顧客ロイヤリティ　166
コストのかかるチャネル　58

コンサルタント　154, 169
コンセプトの確立　101, 102

さ

サービスシナリオ　190
サービス体験　37, 40, 45, 57, 66, 101, 142, 166, 181, 191
サービスの4つの段階　36
サービスのイノベーション　96, 98
サービスブループリント　31, 32, 149
サービスを利用したあとの顧客　40
最高経営責任者　162
最高顧客責任者　162
視覚化　25, 28, 61, 110, 147, 150
事業の進め方　107, 108
刺激と能力の付与　131
シナリオ　112, 122, 149, 150, 152, 191
ジャーニー　44
社会のトレンド　21
シャドーイング　75, 83, 119, 180
重要業績評価指標　74
俊敏な組織　172, 176
消費者のライフサイクル　53, 98, 140
情報　48
情報のニーズ　174, 178
初回利用体験のデザイン　130
人口動態　106
新商品の売り出し　136
スタッフ　25, 30, 67, 82, 153, 154, 155, 157, 159, 192
ステークホルダー　25, 111, 162, 194
ストーリーテリング　28, 154
スポティファイ　139
製品思考　67
設定　39, 49, 54, 65, 69, 77, 110, 130, 141, 194
創作のワークショップ　197
創造的な手法　26
創造的なデザインワークショップ　195
創造的なプロセス　26, 27, 29, 107, 173
創造のワークショップ　196
組織インパクト分析　193
組織課題　22, 69, 70, 145

組織変化のロードマップ　171

た

卓越した顧客体験の提供　74
タッチポイント　46, 56, 57, 62
縦割り　148, 160, 172
チャネル　31, 34, 45, 51, 58, 92, 120, 123, 188
チャネルシフト　94
低コストのチャネル　58
定性調査　27, 75, 141, 164
定量顧客調査　25
定量調査　27
デザイン思考　25, 29, 147
デザインのワークショップ　197
デジタル革命　22
デジタル技術の発展　22, 115
デジタルチャネル　121, 153
デジタルなチャネル　119
デジタルファースト　94, 115
デジタルへの移行　115, 118, 122
デプスインタビュー　75
動機の綱引き　66
途中　31, 36, 39, 69, 89, 110, 112, 129, 130, 141, 186
取引　49
取引のニーズ　50, 79, 178

な

ニーズ　46, 47
ニーズと介入　102
人間指向　26
人間の振る舞い　27, 51, 62, 63
人間のライフサイクル　52, 99
認知　34, 54, 69, 75, 141, 186

は

ハードル　77
パイロット　107
ビジネスインパクト　69, 70, 105, 106, 112, 168
ビジネスコンセプト　107, 110

ビジネスコンセプトの確立　106, 108, 111
ビジネスの機能　56, 60, 120, 193
舞台裏のプロセス　31, 32
部門横断型のチーム　95, 148, 149
ブランドの限界　68
振る舞い　35
プロトタイプ　29, 76, 107, 156, 167
ペルソナ　163, 165
ホットスポット　43, 166, 168

ま

満たされないニーズ　38, 91, 98, 101, 103, 183, 196
モチベーション　77

や

要因　64, 109, 111, 112, 139

ら

ライフサイクル　51
ライフサイクルの段階　65
理解のワークショップ　196
リデザイン　26, 30, 60, 103, 160, 166
利用者のライフサイクル　55
類似サービス　141, 143
ロイヤルカスタマー　140
ロンドンオリンピック　127, 134

著者紹介

ベン・リーズンはライブワーク社の共同創業者で、2014年には権威あるデザイン週間で「年間最優秀デザインチーム賞」を受賞した。同社の取締役を務め、ロンドンのスタジオで働くリーズンは、今もこの分野の先駆者であり、客員講師としてロンドンのロイヤル・カレッジ・オブ・アートで教鞭も執っている。

ラヴランス・ロヴリーはライブワーク社の共同創業者で、BBCやソニー、オレンジ、フォルクスワーゲンのほか、ノルウェーの複数の大病院、さらには国連のプロジェクトに携わってきた。ヨーロッパ中の大学で講師を務め、ノルウェー・デザイン協議会の理事にも選任されている。

メルヴィン・ブランド・フルーはライブワーク社のパートナーで、同社の戦略＆ビジネス・デザイン部長も務める。ビジネス・コンサルタント、戦略コンサルタントとしての経験は25年以上に及ぶ。

ビジネスで活かすサービスデザイン
顧客体験を最大化するための実践ガイド

2016年9月16日　初版第1刷発行

著者	ベン・リーズン
	ラヴランス・ロヴリー
	メルヴィン・ブランド・フルー
監修	澤谷由里子
翻訳	高崎拓哉
翻訳協力	株式会社トランネット

日本語版デザイン・DTP	中山正成（APRIL FOOL Inc.）
日本語版編集	松山知世
版権コーディネート	株式会社タトル・モリ　エイジェンシー

発行人　　上原哲郎
発行所　　株式会社ビー・エヌ・エヌ新社
　　　　　〒150-0022 東京都渋谷区恵比寿南一丁目20番6号
　　　　　fax: 03-5725-1511　　e-mail: info@bnn.co.jp
　　　　　http://www.bnn.co.jp/

印刷　　　日経印刷株式会社

［ご注意］
※本書の一部または全部について個人で使用するほかは、
　著作権上（株）ビー・エヌ・エヌ新社および著作権者の承諾を得ずに
　無断で複写、複製することは禁じられております。
※本書の内容に関するお問い合わせは弊社 Web サイトから、
　またはお名前とご連絡先を明記のうえ E-mail にてご連絡ください。
※乱丁本・落丁本はお取り替えいたします。
※定価はカバーに記載されております。

ISBN978-4-8025-1025-7　　Printed in Japan